貝比來了

生命的價值與出身無關，只須努力地活出自我

黃光芹 著

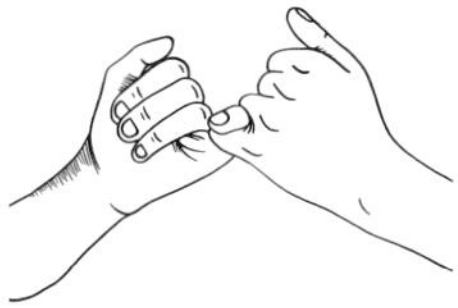

目錄

輯2◎**領養貝比**

輯3◎**我當媽了**

推薦序

有愛，終成一家人

王育敏（立法委員）

恭喜光芹與文嘉，終於跟「貝比」成爲一家人！過去我在兒童福利聯盟工作時，總是希望有更多收養家庭站出來，透過經驗分享讓更多人了解收養家庭，支持收養家庭。

光芹與文嘉是知名媒體人，願意將收養歷程出書分享，讓更多人了解收養大孩子的過程，對於推動國內收養工作，將帶來更正面的改變。

光芹書中所描繪的人工受孕經驗，是許多收養父母眞實的歷程，多數都是一試再試，直到無法成功受孕再踏上收養之路。若不是光芹勇敢揭露，許多人很難體會其中的挫折與辛苦；即使選擇收養，面對收養機構的評估與審核，也要很有耐心地走完將近一年的流程。現行收養制度是希望幫孩子找到適任的收養父母，有些程序與評估，有其必要；但是光芹從過程所看見的問題與批判，覺得收養父母被質疑、收養等待時間過長等問題，政府與收養機構可參考，進行滾動式檢討修正。

大孩子無法在國內被成功收養，一直是國內收養的難題。因爲大孩子需要收養爸媽更多的接納與包容，在建立親子關係上需要付出更多時間，讓不少收養父母打退堂鼓，因此，年紀較大的孩子多由外國人收養。很佩服光芹與文嘉決定收養大孩子「貝比」，親子關係的建立與磨合是很大的挑戰，他們兩位示範了只要有愛與耐心，終究還是可以等到孩子親口叫出爸媽，贏得孩子的心。收養大孩子很有挑戰性，光芹出書就是告訴大家，這是一條辛苦但走得通的路，或許能觸發更多國內收養人願意收養大孩子，讓他們有機會在台灣長大。

每次看到收養人成功媒合到孩子，心裡總有滿滿的喜悅！收養爸媽終於找到期盼已久的孩子，孩子終於等到愛他的家庭。謝謝光芹與文嘉分享這充滿愛與挑戰的收養歷程，讓大家見證，愛能超越血緣，有愛，終會成爲一家人！

推薦序

親情無關血緣，關於愛

昌詩芸（社工）

從接到文嘉打電話來的那天起，陪伴光芹與文嘉走到完成收養的這條路，就這麼開始了。

身為收出養社工，要為等家的孩子，媒合到合適的家庭，其實是很難的工作，牽涉到收養人、出養人的期待，還有最重要的是，孩子本身的盼望。每當看到孩子和收養家庭，能夠有很穩固又親密的親子關係，和我分享最近的生活時，大概就是這份工作最大的成就感！所以當知道光芹要出書時，我眞心感到高興。

雖然因爲職業的關係，光芹與文嘉很容易成爲社會大眾討論的對象，但在與他們一起工作的過程中，我可以強烈感受到，他們對待收養的認眞與努力，每次討論或是給他們建議，他們都願意放下身段去嘗試，也願意有彈性地調整，我想這是他們最終可以成功收養的很大原因。

和孩子相處的過程中，或許是個性使然，光芹和文嘉各自有著自己剛毅與柔軟的一面，一方面給了孩子很大的溫暖、呵護，一方面也讓孩子有明確的規範，讓孩子在進入家庭後，能夠很快地穩定轉換環境的不安，並且認同光芹和文嘉是他的父母。

無論有多少原因，必須讓人走到收出養的道路，最終都是爲了孩子的幸福而努力。愛無關血緣，希望感受到光芹、文嘉與孩子間，那種就像與生俱來親子情的讀者，未來接觸到收養家庭，可以給予友善的微笑，但不要好奇探詢隱私。

推薦序

爸爸陪你一起長大

楊文嘉
（貝比父親）

在弟弟十歲生日那天，我在臉書上簡單寫下這麼幾句話：「張愛玲說，你還沒來，我怎麼敢老去！老爸爸說，你還沒長大，我怎麼敢老去！世界很大、人生很長，爸爸陪你！」

作爲一個老爸爸，對一個小小孩，許諾「爸爸陪你」，是一種艱難、也是一種喜悅。不管未來發生甚麼事，老爸爸一定會扛起來，也一定要走下去！

媽媽用寫一本書，來記錄我們一家人，終於團圓的因緣際會和情意深重；爸爸只能用喝牛奶、學游泳、背單字、寫算式等日常嘮叨和碎念，幫你加足油電，讓你能高飛、敢單飛！

媽媽這本書，只是我們共同記憶的序文而已。你未來人生的下一個篇章，就等你自己去恣意揮灑。

在老爸爸心中，你是生命力最強的小朋友，不論面對再怎麼兇猛的人生風雨，要記得，在你天眞笑容下面，隱藏著頑強的生命力，那是上天給你最大的禮讚和禮物。

輯一

求子之路

誤信名醫

二〇〇七年二月，我與老公再婚，兩人從零開始，一貧如洗。

我把僅有的一間小套房拿去貸款，增貸出三百萬元，就用這筆錢，在三芝買了一間二百多萬元、靠海的樓中樓，也換了車；老公則開了一家廣告公司，打算重操舊業。

當時，他還在台灣社、北社當秘書長。在此之前的一年、也就是二〇〇六年九月十六日，在紅衫軍圍城之後，辦了一場活動，名爲

「我們在向陽的地方」，很成功，現場來了二十五萬人，堪稱本土社團最風光的時刻。

雖然「九一六」的活動，號稱不挺扁、只挺本土政權，但因爲陳水扁家族在二〇〇六年底，因貪汙罪遭到起訴，早已預埋我老公出走的伏筆。

引爆點在二〇〇七年民進黨總統黨內初選結束之後。當時四方爭霸，我老公挺蘇貞昌，反對曾經主張高雄、廈門爲「一國兩市」的謝長廷。台灣社和北社因此一分爲二，陳昭姿、郭長豐夫婦與我老公站在同一陣線；另一批人則挺謝長廷。結果出爐，蘇貞昌敗選，氣氛變得詭異，我老公因此頭也不回地離開。

我原本通告正常，可以維持家計；卻因爲在九一六活動之前，因謝長廷打算缺席，而在鄭弘儀所主持的「大話新聞」節目，對他有所批判，因此遭到三立電視台董事長林崑海下令全面封殺。

雖然後來，我靠在電視台的人脈，爭取到在八大電視台開了一個新節目，卻因爲謝長廷追殺過來，只主持了三個禮拜，就被迫停掉。

我老公以前從事廣告業，有過一段輝煌歲月。「科技始終來自於人性」這個眾人朗朗上口的廣告金句，就出自於他的手筆。可是，當我們自行創業，卻始終接不到案子。夫妻倆兒雙雙失業，有近一年的時間，不是在海邊看夕陽，就是到三芝街頭踩馬路，日子過得倒也十分愜意。

台灣社時任副社長陳昭姿夫婦，都是醫界中人，與我老公交好，是我們再婚時的證婚人。因爲這層關係，當我們想要進行人工生殖時，自然第一個想到向他們求助。昭姿姐很熱心，立刻幫我們介紹某大教學醫院的名醫，對方一口答應，就此展開圓夢計畫。

在此之前，我們跟許多不孕症夫妻一樣，試圖透過中醫調理，把身體養好。我們好不容易掛到名聲響亮的一位中醫師的號，於每周六下午準時前往報到。

這位中醫師具有家學淵源，吸引不少慕名者前往。每次看診時，庭院內、外都擠滿了人，往往必須等上一、兩個鐘頭，才得其門而入。

經過幾次把脈，中醫師都斬釘截鐵告訴我：「妳的體質不錯，很適合懷孕！」我信以爲眞，高興得不得了。

雖然中藥苦口，我和老公也照表操課，但經過半年之久，我的肚皮卻絲毫不見起色。礙於歲月催人，我們二話不說，即向人工生殖中心報到。

一開始我就發覺不對，因爲除了門診可以見到那位名醫，除此之外，每個流程都由他的得意門生負責。

我每次在診間等候，總見到隔壁門庭若市，主治大夫親力親爲，視病如親。後來一經打聽才知道，原來隔壁那位陳醫生，才是人工生殖名醫；而我靠關係求得的那一位，擅長接生，卻不是人工生殖的專家。

當時我一點兒都不以爲意，因爲我第一次進行試管就懷孕了，小醫師立大功，看不到那位大醫師，也沒關係。

在那段「假孕」的日子裡，我嘗到被老公每天捧在手掌心的滋味，不管走路、爬樓梯，他總是小心翼翼拉著我的手。沒事的時候，他也吩咐我在家裡躺著，哪兒也別去。婆婆更是高興，要我們千萬別對外露半點口風，以免天機外洩，壞了大事。

日子一天天過去，我定期到醫院進行追蹤。就在某一次照完超音波時，傳來噩耗。那位年輕醫師眼睛直視著電腦，手裡不停撥弄滑鼠，嘴裡喃喃自語：「再下來一點、再下來一點！」可惜的是，那個黑點並沒有下來，遠遠揭示著一場無言的結局。

我先前對子宮外孕毫無概念，只依稀記得大學一位學姊曾經外孕過。動完手術後，面色慘白，悶悶不樂，令人印象深刻。

那位年輕醫師應該希望我能成功，否則他不會顯得那麼不知所措。他沒有跟我多說甚麼，只有要我立刻動手術，否則拖下去會有生命危險。

我永遠記得，動完手術的那天深夜老公在醫院陪我，就睡在病床旁邊的沙發上，背對著我。

多年前，我曾經專訪前台北市長陳水扁夫人吳淑珍，跟她聊到，那場差一點致命的車禍。「當時，甚麼最令妳感到難過？」她說，除了想到兩個孩子還小之外，每當看見阿扁深夜離去的背影，她就感到不捨。

我懂了！一個大男人，五歲沒了爸爸，從小由寡母帶大，家中獨子，在四十五歲那年，不小心愛上我，不過想要一個小孩，到頭來卻一場空。我好難過，心想：「要怪，就怪我吧！」

病房裡燈光昏暗，十點多了，我們準備就寢。突然間，一位白袍醫師鑽了進來。我們立刻起身，誠懇接待他。

他一開口，就直說抱歉。簡單聊了幾句後，就迫不急待打開手上那本大部頭的書，想跟我們進一步解釋。

我在做試管的過程中，被醫師診斷出來有「子宮中膈」的問題，不容易懷孕。因此，先前那位中醫師，斬釘截鐵說我適合懷孕，根本就是個烏龍。

一般健全的子宮，好像一個氣球，圓滾滾的，中間不會有任何間隔；少數婦女有雙子宮，照樣可以懷孕；但是「子宮中膈」顧名思義，中間有一道銅牆鐵壁隔著，胚胎常常誤以爲是子宮壁，而在那裡著床，注定失敗。這種狀況，雖不至於完全不能懷孕，只是很難。

我母親當時已經高齡八十一歲，不知道從哪裡聽來，內心十分自責，怪罪自己沒把我生好，才造成我的不孕。

醫生說，他不是沒想到動手術，只是他研究手上那本醫學專書，確定如果動手術，會很危險。「因爲子宮構造複雜，一旦動手術，很可能會在肚子裡爆炸！」

我以爲自己聽錯了，等他走了之後，立刻向老公求證。沒想到他也聽到，醫生說同樣的話：「如果開刀的話，很有可能在肚子裡爆炸！」

我並沒有因此更換醫生，雖然他拿掉我一條輸卵管，而且是兩個卵巢、最好的那一邊，但我相信：「他那麼有名，又做到那麼高的職位，應該不敢唬人！」於是又在同一家醫院、又讓同一對師徒檔，試了一次。

第二次，我成功取得五顆胚胎，樣子都很漂亮。或許因爲求好心切，那位名醫竟然違規，將五顆胚胎，一次丟進我的子宮，最後卻依舊石沉大海。

後來我心灰意冷，經由朋友的轉介到北醫，並在那裡得到全部的解答。

首先，曾啟瑞醫師透過簡單的內視鏡手術，刀子一劃，三兩下就解決掉我子宮中膈的問題。重點是，肚子並沒有爆炸！

再者，前述那位名醫，的確有所疏失。他在一開始，就應該爲我通輸卵管，則我或許可以避免，因輸卵管發炎，讓受精卵受阻，在錯誤的地方著床，而導致子宮外孕，讓我損失一條輸卵管。

以前常聽人說，搞政治的，不會有好下場。回想當時，我才手術過後，第二天就忍著痛，爬上主持台進行新節目預錄，不免覺得瘋狂、也頗爲自責。那次的慘痛經驗，也讓我們終於相信，政治就像紅衣厲鬼一樣，終有一天會找上我們，讓我們損失慘重。早知道，我們就不搞政治了，也不會誤信名醫，儘管多年過去，傷口仍在，每每想起，就隱隱作痛。

死了好幾次

我第一次進行試管，病歷年齡是四十一・二歲。對於像我這樣跟時間賽跑的超高齡婦女來說，小數點後面的數字，變得很重要。

或許因爲每位婦女感受不同，所以在描述各自的經驗時，出現不同的結局。事實上，即使做老公的，也未必知道其中的痛苦。

在進行人工生殖過程中，經常要抽血，我幾次遇到經驗不足的菜鳥，怎麼插、都找不到血管，爲免對方尷尬，往往謊稱自己不怕痛，要她繼續插。「沒關係，我不怕痛，再來！」

許多人怕打針、吃藥，我不怕痛、也不怕煩，當久病成良醫，每次只要將肚皮抓起、將針往上頭一插，並不覺得困難。有時候，打針的時候到了，我卻碰上錄影，但只要跑進廁所，幾分鐘就解決了，絲毫不影響工作。

倒是有一次，我把原本規定插進肚皮上的針，誤打在手臂上。當老公使出九牛二虎之力，用力一插，就像插在鐵板上，痛得我哇哇大叫，眼淚直流。

我稍事休息，抹掉眼淚，要他再插，他拿著針，不敢再試。在我再三鼓勵之下，這一次，他加大了手勢，狠狠插進去，我依然痛得彈開。最終還是含著淚，硬頂下那一針。

我前後做了七次試管，形同動了七次刀；加上子宮外孕和子宮中膈兩次，總共受了九次罪。剪掉輸卵管那次，是我生平第一次開刀，身心感受特別強烈。就像精、氣、神被人抽掉，全身軟弱無力，突然體會：人之所以渺小，莫此爲甚。

我二十三歲開始幹記者，經常跑來跑去，對於人工生殖必須跑許多流程，一點兒都不覺得麻煩，從這個點、跑到那個點，從樓上、跑到樓下，從新大樓、跑到舊大樓，往往如過五關、斬六將，動作迅速俐落。

我個性嚴謹，每一次胚胎植入，醫師吩咐至少躺一個半小時，我往往躺足三個鐘頭，才肯下床。就怕有甚麼閃失，功虧一簣。

事後回想，哪個流程最令我畏懼？答案是：麻醉！每一次取卵，就必須動一次手術，而且要全身麻醉。

當第一次被推進手術室，躺在病床上，只覺得燈光刺眼，幾位白袍醫生走動，臉上戴著口罩，分不出誰是誰。第一位靠近我的，顯然是麻醉科醫生。「馬上要麻醉了！」我沒有經驗，開玩笑說：「好啊！我意志力堅強，看你們有沒有本事，把我迷昏過去！」我的話還沒說完，一個面罩就罩了過來，上頭的味道實在難聞。剛開始幾秒鐘，我神智還十分清醒：「看吧！你們迷不倒我、迷不倒我！」等我再醒來的時候，已經被推出手術室。事後發現，剛剛有好長一段時間，我竟然失去意識，就像死了一次；如今死而復生，恍如隔世。

第二次，我再次被推進去，依然不信邪，繼續挑釁。那些醫師眞是冷漠！也不說明、也不解釋，任憑我裝瘋賣傻，隨即，就對我痛下毒手！

大約是在第三次，當面罩襲來，我再也無招架之力，立刻豎起白旗，棄械投降，任憑宰割。

雖然事隔多年，我依然清楚記得，那刺鼻的味道就在鼻尖，猶如死亡的氣味，久久不散。

那種恐懼，直到我兒子走進我的生命中，才稍稍淡去。我因此終於甦醒，並且得到解脫。

明天過後

藝人小嫻爆發離婚風波，我感同身受，曾發出不平之鳴。

現代醫學發達，唯獨生兒育女，不能予取予求。小嫻之憾，也曾經是我終身之憾。

小嫻左邊卵巢可以正常排卵，但先天沒有子宮，與推動「代理孕母」的陳昭姿一樣。後者在十五歲那年，得知自己子宮發育不全。像這一類的婦女，在台灣，礙於法律限制，無異被判了死刑，唯一途徑，只有到國外找代理孕母。

即使藝人，想像中，收入比一般人豐厚，但哪一天，若眞要放下工作，到國外尋求代孕，恐怕也要被剝好幾層皮。

白冰冰在出版《可以哭，別認輸》一書期間，曾經接受我的專訪。由於她可以正常排卵，子宮也很健全，但因爲單身的緣故，所以選擇到美國去進行試管。

臨行前，她先做好功課，包括找合法的不孕症醫療中心、挑選優良的捐精者。最後經友人介紹，在洛杉磯找到一對年輕夫妻，男方願意捐精。之後，「我開始忙著接洽醫院、訂機票……等一切事情準備就緒後，就搭飛機前往紐約。爲了能順利取出卵子，醫師讓我吃多種荷爾蒙藥物，及注射大量的排卵針，……做一次試管嬰兒手術，排卵前必須連打十四天的排卵針，總共要打一百六十八次。取出卵子之後，每天還要再打三次的黃體素，也是連打十四天，一共四十二針；之後，必須臥床，少做劇烈運動。」

她的胚胎十分完美，順利植入體內。接下來十四天，她乖乖躺在飯店，就怕好不容易植入的胚胎，會不小心流掉。

十四天過去，她的肚皮微微隆起，誤以爲成功懷孕；沒想到是假性懷孕。當醫師戳破她的想望，她的腦海中立刻嗡嗡作響，忍著眼淚，匆忙離開。

才一次，她就打道回府，繼續在台灣嘗試。前後總共做了十五次，直到取不到卵子，才不得不投降。

小嫻對外表示，自己曾經花了一年時間、砸了四百三十萬元，取得三枚胚胎，植入代孕者的子宮，很可惜，最後卻未成功著床。

她省略未說的是，那過程的繁瑣，也會要人命。以美國加州爲例，必須先通過醫療機構審核、尋找孕母、委請律師、簽署合約、申請文件、分階段付款，麻煩得不得了。

另外，兩夫妻停業一個月，沒有收入，算一算，一次代理孕母的代價，將近五百萬元，普通夫妻哪裡禁得起？小嫻沒有繼續嘗試，想必也因爲財力匱乏，最終不得不放棄。

小嫻的實力，遠不及連戰的長女連惠心。大富人家可以打團體賽，一次找多位代理孕母，多管齊下，畢其功於一役。連惠心最後抱得三名女娃而歸，人生圓滿，與小嫻寫下截然不同的人生結局。

我們夫妻在進行人工生殖時，剛好遇到事業瓶頸，雙雙失業，三百萬元週轉金，不僅要應付生活所需，還要繳房貸和車貸；而一次試管花費，大約在十二到十五萬元之間，負擔沉重。最拮据的一次，我曾經在醫院繳費處，發現現金不夠，卻因爲戶頭沒有半毛錢，只好拿信用卡預借現金應急。

所以過來人常說，幸運的話，損失一部車子；運氣不好者，搞掉一棟房子。算一算，我花在人工生殖上的費用，就超過百萬元。

鄭運鵬第一次參選立委，曾經找我去座談。當時他倡議，健保資源應該支援不孕症婦女，以彌補缺憾。我當時沒有經驗，似是而非；現在可以過來人身分提供意見：此一倡議立意雖佳，問題是，寶貴的健保資源，將支援到甚麼程度？一次、兩次？若最後仍石沉大海，錢不白花？不免排擠其他人的權益。

金錢方面的損失，倒是其次；最令人遺憾的是，所謂人工生殖，一切得靠「人工」，我和老公的夫妻情趣，一點一滴被耗蝕殆盡，沒多久，竟成爲名符其實的老夫老妻，不再有性趣。

我的身體狀況，也是另一個隱憂。我不在乎身材變形，但是對於未經證實的癌化可能，十分擔心。我兒子還小，萬一哪一天我走了，他成了沒媽的孩子，有多可憐！

我們夫妻雖然幾經周折，未能如願；但若當初，眞的辛苦有代價，喜獲一子半女，我想告訴他們的是：天下父母心，比山高、比海深！

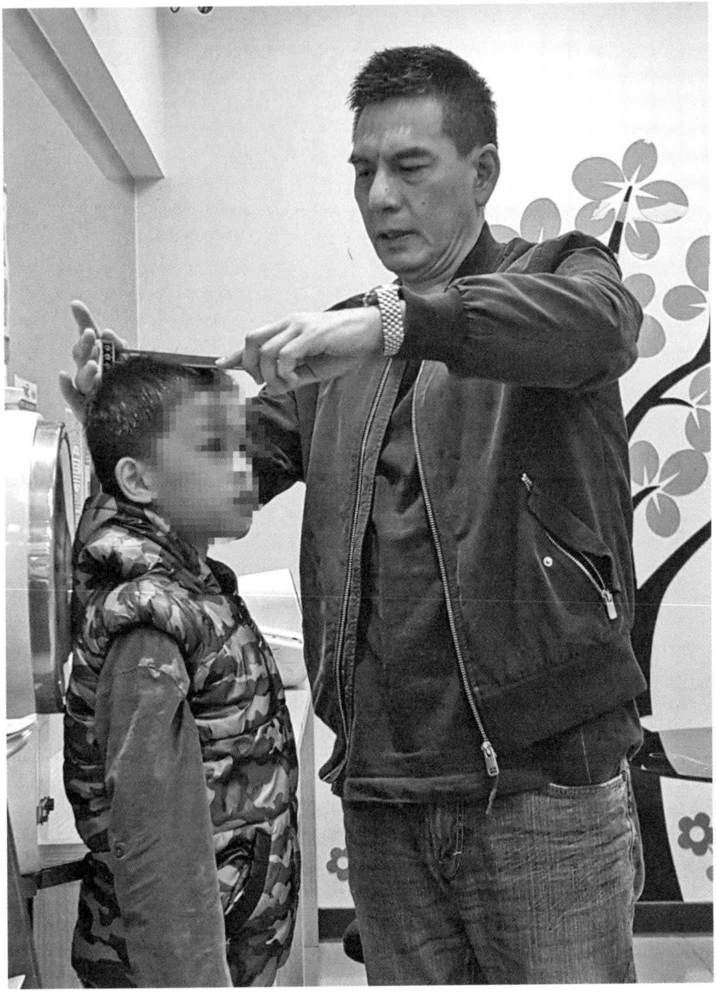

差一點觸法

我嘗試七次試管失敗之後，開始另謀他途，想透過非常手段，迅速爲家裡添得一兒半女。我把腦筋第一個動到我嫂子身上。

我哥的太太，比我小五歲，那一年，她三十六歲，還可以生。

我先打電話給我哥，他不能作主，於是我乾脆向我嫂子開口。她剛開始不好拒絕我，說要想一下。

幾天後，她明白拒絕我，理由有二。第一，她前後生過三個小孩，不想再生。令她眞正打退堂鼓的是，她因爲懷過小孩，知道十月懷胎會產生感情，擔心一旦生了，會捨不得給我。

多年後，我哥才告訴我。他爲了解決我的問題，曾經用命令的方式，要我嫂子幫我生一個。只是最終，她還是沒答應。

好巧不巧，有一天，我跟一位女性朋友聊起我的困境。她聽我這麼說，臉上露出詭異的微笑，並且偷偷告訴我：「其實有辦法解決！」頓時，我的心裡燃起一道曙光。

她告訴我，多年來，她心底埋藏一個秘密。「妳看過我弟弟，他其實是我兒子！」我好訝異！

猶記得多年前的某天晚上，我第一次到她家去，她因爲還在外面忙，所以叫「弟弟」開門。我在外頭等待，不一會兒，看見車道出現一部車，和一位頭戴帽子的年輕人。他跟管理員打了聲招呼，直接往停車場開去，我則順利由大廳進去。

朋友回家後告訴我，剛剛幫我開門的那位，是她弟弟。他們家兄弟姊妹很多，我不疑有他，只覺得，她都快六十歲了，怎麼會有個才十九歲的弟弟？

直到後來，她跟我坦承，我才知道。她在二十歲那年，子宮和卵巢就拿掉了，一直以來領有殘障手冊。

接下來，她的陳述更令我吃驚。她說，其實上次她所謂的「弟弟」，是她的兒子。是她在一個偶然的機緣下領養的。直到現在爲止，他都以爲自己是她親生的，並且相信母親當年未婚生子，一路吃盡苦頭，飽受閒言閒語。因此，只要有人批評她，他就會奮不顧身，出面保護她。

我這個女友，個性古道熱腸，能力很強，在社會上很混得開，幫過我不少忙。她將當初如何把「兒子」從婦產科抱回來，仔細說了一遍，建議我可以參考。

我聽得一愣、一愣的。原來，她因爲地緣關係，與萬華一位婦產科名醫熟稔，知道有許多不滿二十歲的在校生，不小心懷孕，跑到診所將寶寶生下來，人就走了，當作從來沒有發生過。

我第一次聽到這個故事，百感交集。想到自己千方百計，想要生一個小孩，卻不可得；就是有人輕易懷孕，把小孩生了，說不要、就不要。

我那個朋友，多年前，就是因爲有年輕媽媽把小孩生了，就不管了，一時心軟；加上想到未來老來有伴，所以做了件好事，把小孩接回家。

那細節怎麼辦？朋友告訴我，她先向醫生打通關節，之後，我必須找一位替身，頂替未婚媽媽，到診所照一個超音波，製造假的就醫紀錄，將所有資料移植過來，狸貓換太子，就大功告成了；唯獨，未來我嫂子將小孩過繼給我們，該如何取信法官，倒是一門學問。

我和另一半都是名人，加上我當時已經四十五歲，生孩子有困難，就算我嫂子頂替成功，法院那關能過得了？

我還是向我嫂子開口，這一次出乎我意料，她經過長考，並沒有拒絕我。反倒願意鋌而走險，爲我圓夢。

我嫂子眞是偉大！除了將三個小孩拉拔大，她還晝夜不分，侍奉我的雙親，幫他們兩老把屎把尿、奉茶點，毫無怨言，直到把他們送走；這會兒，又爲了我的事，答應爲我赴湯蹈火，我銘感五內，實在無以回報。

就在緊要關頭，我哥哥猶豫了。他打電話給我跟我深談，建議我不要輕易嘗試。他也是記者，跑過司法，對於法律紅線素有警覺。爲了我，他特別問過檢察官、法官好友，都說恐怕觸法。可是我完全聽不進去，下定決心慷慨赴義，任誰都攔不住我！

我把決定告訴朋友，一場驚心動魄的好戲，即將上場。

她擔心電話遭到監聽，在百忙之中，特別親自跑了一趟婦產科診所，當面跟醫師說定。之後通知我，要我嫂子準備好，等醫生一聲令下，就從台中北上，前往診所照超音波，留下紀錄，完成頂替。

法院那關怎麼辦？我嫂子將如何跟法官訴求，她生下孩子，爲何不要，而想把小孩過繼給我們？我們會不會碰到一個法官，心照不宣，睁一隻眼、閉一隻眼，助我們達成心願？尤其，我和老公都是名人，法官一看到我們兩個，會不會起疑？萬一功虧一簣，我和老公上了報，也就算了，萬一連累我嫂子吃上官司，那可怎麼辦？

我警覺到，這麼做的確有很大的風險。這時候，我必須尋求法律見解，以免觸法。

我打電話給一位律師好友，沒想到，她竟然站在我這邊。她認爲，我嫂子已經四十歲，前面又生了三個，因爲意外懷孕，有不想要的理由；加上眼見我們兩夫妻多年來，爲求子所苦，因此想把小孩過繼給我們，了卻我們的心願，倒也符合常理。

我是資深記者，善於分析事理，左想右想，還是覺得，其中有不合理之處。例如，我哥哥和嫂子住在台中，有甚麼理由非得跑到台北來生孩子？光是這點，我就沒辦法說服自己。因此，就將這件事擺下了。

我有預感，這件事最終會胎死腹中。果然，最後那位婦產科醫師踩了剎車。原因很簡單。友人當時從婦產科將孩子抱走，已是二十多年前的事了，此一時也、彼一時也。別說社會開放程度不同，就連法律規範也有天壤之別。以前販嬰之事頻傳，但現今台灣社會，對一位合法醫生來說，若稍有不慎，很可能被吊銷執照，終生不得行醫。爲了我，可損失大了。

現在回頭想想，還好當時我們臨時喊卡，否則一步錯、步步錯，牽連甚廣、偷雞不著蝕把米；而我又怎麼得以與兒子相會？豈不天各一方，人間有憾嗎？

輯己

領養貝比

不得其門而入

當作出領養決定之後，我開始投石問路，四處打聽。

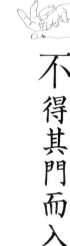

我的一位老友是家中獨子，夫妻結婚多年，膝下無子，趕在年近半百之前，特別到南部一家收出養機構，抱回一個尚在襁褓之中的女嬰。

爲何他刻意選擇南部？原因在於當時《兒少法》尚未上路，在民國一〇一年之前，只要雙方合意，就可以直接進入法律程序，一經法院判決，收養關係即可確立。因此，南部那家私人機構，就成為他的首選。

根據朋友形容，那家收出養機構大多收留棄嬰。站在他們自私的立場，當然希望能夠事先看一看孩子。兩夫妻因此付出幾十萬元代價，得以站在窗邊，挑選自己中意的孩子。

我聽他這麼說，也想到南部試試。

等我按圖索驥，找上門時，對方在電話中支支吾吾，像是有難言之隱。經過溝通才知道，礙於法令限制，以前可以做的、現在不行！

《兒少法》規定，非血緣及親戚以外的收養，必須透過領有執照的專業團體進行媒合，全台只有九家機構、十三張證照。至於誰有資格成爲父母？哪個家庭適合收養？必須由社會局及合格機構進行評估。之前，我朋友接觸的那家機構，顯然在適法性上有疑義。

因此，我乾脆打電話到當地社會局詢問。當對方知道是我，態度顯得熱絡，一心想促成；甚至當我提到未來得到南部上課，無法兼顧通告，對方也表示有變通之道。

可是，她也懷疑我爲何要選擇南部？等到我一五一十稟報，對方一聽，大爲詫異。交代我千萬不得與那家收出養機構再行接觸，必須透過社會局。若對方私下販嬰，或對我們獅子大張口，我得立即通報。

既然這條管道已被封死，我索性認份，與戶籍所在地社會局聯繫。對方推薦我們找勵馨基金會，機構大，品質有保障。

我老公滿懷希望，打電話過去，對方卻直接將我們拒之門外。原來，勵馨基金會以出養零到二歲幼兒爲主，已人滿爲患，一大堆人在排隊，他們怕耽誤我們時間，建議我們另請高明。

多年後，我訪問勵馨基金會執行長紀惠容，私下問起這件事，她笑了笑、點了點頭說：「那倒是！」

根據統計，二〇一六年，全台收出養的兒少個案，總計有二百九十三人，一半以上，年齡在三歲以下；三到六歲，占了四成；換句話說，年紀越小的孩子，行情越高，即所謂「黃金出養年齡」。

我和另一半，不想刻意隱瞞孩子身世，所以沒有非得領養三歲以下孩子的顧慮；相反地，我們反倒願意給大一點的孩子機會，五到十三歲都可以。即使條件放寬，我們卻依然處處碰壁。

台灣有太多不負責任的父母，只顧生、卻不願意養。同樣是二〇一六年，衛福部社家署接獲的出養諮詢，就高達二千八百三十四筆；其中三成、大約九百五十三個家庭，提出出養申請。也就是說，平均每天有將近三個小孩，被原生家庭遺棄。

我曾經聽社工講過，有一位同居人在盛怒之下，將尚在襁褓之中的嬰兒拋入中壢的大排水溝，小孩的性命雖然保住了，但其中一隻耳朵卻聽不見，實在遺憾。我要是早知道，乾脆抱回家，至少可以改變他的命運，不讓憾事發生。

社工還說，全台棄嬰以中壢最多。其中一處收養機構空間狹小，滿屋子擠滿了沒人要的小孩，看了著實令人傷感。

既然有那麼多小孩正在等待有心人，爲何在收養時效上卻緩不濟急？根據統計，每個孩子必須等上二百二十三天（約七．四個月），才能等到一個家庭。至於那些有特殊需求的孩子，等待期則更長，大約要兩百九十八天（近十個月）。這些數字，與實際狀況又有落差。以我們夫妻爲例，若不計中間一次媒合失敗，也乾脆把前期所耗費的時間扣掉，則我們從進入收養程序，到最終把小孩接回家試住，就將近耗掉兩年的時間。那段時間，我們每天都在等。漫漫長路，走得辛酸！

我老公曾利用主持機會，私下向立委反映。國民黨不分區立委陳宜民表示，他與王育敏委員正試圖修法，革除其中弊病。

在進行收養程序時，我們受到不一而足的挑戰。

首先，令我們感到幸運的是，過程中，我們遇到生命中的貴人──一位秉性純良的女性社工，陪我們攜手走過漫漫長路；問題是，當我們通過健康和人格的考驗之後，收出養機構所設置的「審查委員會」，卻對於我們的財力和婚姻狀況，提出嚴格檢視。

最令我們感到詫異的是，以我們兩夫妻的經濟實力，照理說，應該不成問題才對？但在審核的過程中，卻依然遭受質疑；至於我的婚姻紀錄被端上檯面討論，則令我備感羞辱。

在進入領養階段的同時，我們剛好在換屋。賣掉之前投資的兩幢公寓，買了現在這幢五層樓的透天厝，打算長住。新房總價二千零五十萬元，爲免負擔沉重，我們貸款一半，一千萬元，至於多餘的七百多萬元，則投在裝潢和購置新的家具上頭。的確，等我們入住之後，戶頭裡已沒有多餘的存款；加上我們的公司沒有接到大案，也沒有多餘的盈餘。可是，我和老公工作正常，月入超過十五萬元，以這樣的經濟實力卻仍遭到質疑，不免令人感到費解。我於是問：「如果月入十五萬元都備受檢視了，那月入五萬元的普通上班族，或經濟水平在此之下的夫妻，難道就沒資格領養嗎？況且，表面功夫不難做，只要先請家人匯個幾十萬、幾百萬元到戶頭裡，不就可以輕騎過關嗎？問題是這樣做有意義嗎？到底要多少錢，才符合標準呢？」

相較之下，我過往的婚姻狀況被用放大鏡檢視，要比上述被人秤斤論兩，還要令人難堪。我曾經試圖反擊，卻如以卵擊石。

首先，婚姻的成敗有各自的帳本，外人要如何公斷？再說，事隔多年，舊事重提如同在傷口上灑鹽，何其殘忍？重要的是，我最後遇到對的人，塵埃落定，無風無雨，領養小孩與過去何干？台灣社會充滿偏見，難道曾經失婚的婦女就不是好媽媽？難道就因爲我要領養小孩，必須全身被扒光，像蛙人一樣，鮮血淋漓地爬出天堂路？

不過最終我還是投降了，捫心自問，給出一個最貼近眞實的答案，之後靜靜聆聽判決。最終，審查委員們並未將我槍斃，而放了我們一條生路。

事實證明，我或許不是個好妻子，但絕對是個好媽媽。此後，我的內心必須更加強大，因爲，我並不僅是別人的太太，更是孩子的母親，爲母則強，才是硬道理！

蘋果的滋味

貝比到我們家以後，始終津津樂道於他的「美國經驗」，蔚爲他短短八年生命中，一次永生難忘的旅行。

育幼院的孩子，比起一般在正常家庭長大的小孩，較缺乏生活經驗，更遑論有出國的機會。爲了一旦跟同學比較，輸人不輸陣，他曾經去過美國，更成爲他彌足珍貴的特殊經驗。

貝比在他七歲那年，曾經在美國密西西比州（State of Mississippi），生活了十四天，還在那裡釣過魚。那是育幼院專門為五歲以上、在國內苦無收養機會的院童所舉辦的夏令營，名為「奇蹟之旅」。美其名是去參加夏令營，實際上是幫他們創造機會。

貝比自始至終認為，他的密西西比之旅，是一次遠渡重洋的快樂之旅，並不清楚其中重要的意義在於，是去媒合適合他的家庭。每當他心中那條密西西比河再度召喚他時，我和老公都不刻意拆穿。那條大河曾經洗滌他的傷痛，並帶給他希望。

貝比第一次出國，到AIT辦護照，首度與他的母親重逢。可惜她近子情怯，始終站得遠遠的，讓兒子好生遺憾。「她為什麼站得那麼遠，讓我看不清楚她的長相！」

兩年後，他來我們家之後，曾經向我提出要求：「我可不可以再見她一面？一次就好！我只想看清楚她的長相。」

貝比到美國進行媒合，我判斷並未成功，否則他也不會與我們結緣。但是，兩個禮拜的停留，讓他曾經把接待他的美國家庭，視爲自己的家。「我家很大，有兩層樓，附近有一個大賣場，其他地方顯得空空蕩蕩的，沒有甚麼人。」

我曾經問過他幾次：「如果有機會，你想不想做美國人？」「一點兒都不想！」他斬釘截鐵回答我。我想，或許因爲他最終找到他心目中理想的家，心願已足，所以不再想嘗蘋果的滋味。有沒有到美國去，對他來說已經變得不再重要。

我曾經去美國五大城巡迴演講，就是沒到過密西西比州。這個位於美國南部的貧窮之州，平均收入、生活成本，均居於全美之末，卻能發揮極大的愛心能量，做出慈善的高度貢獻，值得大書特書。

外國的收養家庭，除了極具愛心之外，還因爲有虔誠的宗教信仰，以至於即使生兒育女，卻還是願意挺身而出，給在台灣遭到遺棄的小孩，一個得以安身的處所。他們帶走台灣超過八成、五歲以上的孩子。這些外國人的偉大情操，勝過我們自己人。

我和另一半在通過人格、健康、財產和婚姻的考驗之後，因爲毫無育兒經驗，被分發到育幼院，爲小朋友進行爲期一學期的課輔。我們抱著補修學分、回饋社會的心態，在育幼院多待了一個學期。

那是一家頗有歷史淵源的育幼院，擠身在擁擠的巷弄之間，是一幢五層樓、沒有電梯的老公寓大廈；而我們課輔的對象，從一到四年級都有。其中唯一一位女生，聰慧懂事，常看她早早做完功課，幫保母媽媽做家事，經常跪在地上幫男生摺衣服。我們到後不久，她就被領養到加拿大去了。

還有一對原住民兄弟，弟弟一年級、哥哥四年級。每當弟弟與人發生衝突，或是受到責罰，哥哥總是裝得一副若無其事的樣子。有一次，他跟我老公吐露心聲：在這個世界上，他唯一放不下的，就是他弟弟。他告訴自己，就算以後有機會被人領養，他也不願意拋下弟弟一個人走，除非兩人一起走。

他的心願最終達成了！我後來聽說，一對美國夫妻領養了他們，養父是位醫生，承諾動用所有醫療資源，照顧他們倆兄弟。

這家育幼院，曾經成功送走在育幼院生活長達十年之久的三姊妹，她們在養父母的悉心照顧下，人生起了翻天覆地的改變。

我曾經和老公重返育幼院，當時那對原住民兄弟還沒被領養到美國。我們到的時候，他們正與其他院童在保母媽媽的帶領下，朝天祭拜。當再看到我們，每位孩童只跟我們眼神交會，不一會兒，就魚貫進屋。或許我們曾經令他們失望，只當我們是過客，而不能成爲他們的歸人。

對於這種祭拜，我兒子也不陌生。他在育幼院的時候，也曾向天祈福。

我始終相信，皇天不負苦心人，更衷心期盼，杜甫在《茅屋爲秋風所破歌》中的意境：「安得廣廈千萬間，大庇天下寒士俱歡顏」，有朝一日能夠實現，而不只是紙上詩詞而已。

失去一個孩子

二〇一六年秋天，我和老公雙雙墜入愛河，同時愛上一位十一歲大的女生。這段「錯愛」，只維持了短短不到半年，我們就忍痛分手。

或許因爲等待過程太長，社工爲了體恤我們，特別幫我們物色了一位女孩，希望快速進入收養階段。

小芬（化名）自幼由奶奶帶大，祖孫倆兒相依爲命，生活過得很拮据。就靠爺爺的退休金，用以糊口。儘管如此，奶奶卻從來不讓她吃苦，要不是奶奶長日將盡，否則這輩子只要有一口氣在，絕不會讓小芬出養。

奶奶一方面想與時間賽跑，看看能不能撐到小芬長大？另一方面，她又擔心身體不允許，若不先將孫女安置，恐怕無法心安。

當社工接到奶奶的電話，表達出養意願，便立即與她聯繫。幾經周折，最後取得她的同意出養。當社工把小芬帶到我們面前時，我們驚爲天人。她雖然只有十一歲，卻出落得極爲標緻，身材修長，長髮及腰，儀表、談吐俱佳，顯得落落大方。雖然才第一次見面，我和老公卻對她一見鍾情。

等回到家以後，一連好幾個鐘頭，我們兩個小芬、小芬說個不停。感謝老天待我們不薄，從天而降這麼個大禮給我們。

當晚臨睡前，我們接到小芬簡訊，除了貼心跟我們道晚安之外，還暱稱我們「爹地、媽咪」，在我們乾涸已久的心，降下了甘霖。

接下來的幾個禮拜，我們一直沉浸在濃濃的幸福中，不曾退燒。那種感覺難以言喻，就好像在談戀愛一般，掉入愛河，難以自拔。

第二次見面，我倡議，祖孫倆兒不妨在社工的陪同之下，與我們回家看看。

對於我們夫妻窮盡半生心血，好不容易建立起的這個家，我顯得信心滿滿。房子很大，有一百多坪，每層樓挑高，老公用心裝潢，想必奶奶看了之後，她懸在半空中的一顆心，可以就此落地。

奶奶雖然很滿意，想要放手卻又捨不得，心情起伏，陷入拉鋸之中。爲了替祖孫倆兒設想，我和老公除了幫小芬準備好房間、家具，也買了衣服給她；我甚至釋出極大的善意，希望奶奶可以搬過來一起住。如果有一天她眞的走了，我們也會陪著小芬，一起爲她送終。

那天，在送她們回家的路上，小芬表現得十分熱情，車上六個人顯擠，她刻意跑到前座，坐在我腿上，頭還枕著我的肩，喚起我強烈的母愛。

她的小嘴特甜，第二次見面回去，依然滿口爹地、媽咪叫，親密的簡訊往來，充滿著濃情蜜意，讓我們兩夫妻陶醉，醉得不知今夕是何夕。

收養程序很快進入試住階段，小芬將頭一次來家過夜。當天一大早，我們兩夫妻滿懷希望，提前抵達約定地點，想盡快把她接來住。

令人意外的是，一見面，小芬一臉不情願，再三跟奶奶求情，可不可以不走？經奶奶一再慫恿，她才半推半就上了車。另外，她說好來家過夜，卻甚麼東西也沒帶。我想，她從小到大沒離開過奶奶，或許心裡還沒準備好，才會顯得徬徨，必須靠大人推一把，才能早日漸入佳境。

平常我喜歡開快車，但小芬坐在車上，我變得小心翼翼，連打方向盤都特別小心。我從後照鏡偷看她，發現她側臉望向窗外，一路無語，一副心事重重的樣子。詭異的是，她手上始終抱著個大包袱，從不離身。

快到家前，我先帶她去買盥洗用具和內衣褲；等到家之後，我立刻忙著煮飯燒菜。她則與老公各據一方，一個在客廳看電視，一個則躲進地下室書房，顯得不知所措。

小芬平常會幫奶奶做飯，還曾經親手包了水餃，說要給我們送來。可是當我滿頭大汗揮舞著鍋鏟時，她動也不動，連正眼都沒瞧我一眼。我頓時覺得沮喪。

平常三菜一湯難不倒我，但是那天我接了通告，心裡著急，一時失手，菜煮得特別難吃。她勉強動了動筷子，從頭到尾板著一張臉，不知心裡在想甚麼？

氣氛變得很僵，在無計可施之下，我提議：「要不要跟我上二樓，睡個午覺？」她突然獲得解脫，立刻起身，跟我手牽手上了二樓。

我們睡在大床上，她在那頭、我在這頭，中間隔著一道距離，像是難以跨越的鴻溝。起初我們假寐，不一會兒，聽到她在喊我：「媽咪，我可不可以回家？我擔心奶奶一個人在家，不會鎖門！」接下來，她開始哭，一把鼻涕、一把眼淚，哭得很傷心。我的心瞬間涼了半截。

我聽社工說，剛到收養家庭的孩子，都會出現類似的狀況，收養父母必須發揮耐心，陪他們度過這個階段。因此，我不想退讓！相反地，我聽見內心在打鼓。我判斷依這個局勢發展，後勢不太樂觀，我是否應該放她走？

最終，我提出一個開放性的建議。第一，她不妨試試，可否熬過今夜？等明天一大早，我就送她回去。第二，如果她眞覺得熬不住，我會立刻送她走。最後，她選擇第三個建議，按照我原訂的計畫，由我老公帶她到附近的三井 outlet 逛逛；而我則先去上通告。等一下節目，就送她回家。

不知道是上天垂憐，還是我嫂子跟我心有靈犀，她竟然在我們最需要援手的時候，正好帶著三個孩子到台北玩。我要她立刻飛奔過來、直赴三井，替我老公解圍。

等我錄完影，立刻飆車到三井與他們會合。我在等紅燈的時候，老遠就看到小芬胸前依然抱著那個大包袱。就這麼上了我的車，由我老公送她回家。

當見到姪子、姪女時，他們顯得悶悶不樂，像是才經歷過一場奮戰。「怎麼了？」姪子比較直接：「我問她甚麼，她都不太搭理我！」

我想大事不妙，就等老公回家，看他怎麼說。

等老公拖著疲憊的身軀回家，一進門也顯得悶悶不樂：「小芬連聲再見都沒說，拿著兩杯泡沫紅茶，就直接衝回家去。一路上還叫著奶奶！奶奶！」

回到家以後，我的心情也變得七上八下，覺得哪裡不對勁。我發揮新聞記者的直覺，把屋子整個巡一遍，一幅傷心的畫面，立刻跳入眼簾，也終於解開小芬的包袱之謎。

她到我家沒有帶任何的換洗衣物，那包包裡，究竟裝了甚麼？原來，是我之前送她的外套。她趁我不注意的時候，偷偷跑到三樓，掛回更衣室，若不是我眼尖，還眞不容易發現。

她的意思已經十分清楚。那件衣服形同她的分手信，雖然委婉、卻令人心碎。

奶奶說：「她還離不開我！」

老公說：「我的感覺整個不對了！我們乾脆放棄吧！」

但我還不想放棄！

我曾經在寫給她的簡訊中，承諾過：「妳放心，媽咪永遠不會放棄妳！」我是眞心的，因爲我實在無法想像，當有一天，奶奶眞的離她而去，她將如何孑然一身，獨立於世？再者，她終有一天，會變得成熟，當回頭想起我們這對夫婦，人還算不錯，也曾經愛過她，她差那麼一點，就要成爲我們的女兒，會不會感到遺憾？

我後來跟社工通了一通長長的電話，也是最後一通。我轉達老公的建議，先暫緩收養小芬，但並不等同於放棄，只是調換個順序，先嘗試下一個機會，未來等小芬和奶奶準備好了，我們再重新接納她。

我與老公結婚十多年，經歷過這件事，我才發現他的偉大。

直到隔年的某一天，我們突然又接到奶奶的電話：「你們是不是還想收養小芬？」我猜想，這一次，奶奶的人生眞的走到盡頭了，她終於決定鬆手；只是爲時已晚。

礙於法律規定，媒合失敗的案例一旦關閉，就不能重來。我們無能爲力。

直至今日爲止，每當想起小芬，我就有如鯁在喉的感覺。我常想，若當初奶奶肯放手，推小芬一把，則現在她一定是個好姐姐，帶著她的弟弟，在我們家一起幸福成長。

小芬偶爾在我們家，還是會不經意被提起。兒子剛來的時候，一聽到我們談論她，耳朵立刻豎起，似乎把小芬當成他的假想敵，還帶著醋意問：「小芬是誰？」我把情形跟他大致描述一遍，並且問他：「我幫你找個姐姐，好不好？」「不要！你們有我就好了！」

直到現在，我們始終無法忘情於小芬。她就像我十月懷胎的小孩，卻因爲我無能爲力，而在我心中留下永遠的遺憾。

傷心小巷

貝比來的頭一年，我恨不得把握每一個假日，帶他遊山玩水，以彌補他先前的缺憾。

我沒有帶小孩的經驗，只能自以爲是，爲他安排了捷運之旅、高鐵之旅和火車之旅；並且期待，等他哪一天完成入籍、改名、拿到護照以後，再帶他出國，進行飛機之旅或郵輪之旅。

在這幾種選擇中，我們當然先從最簡單的捷運之旅下手。

台北捷運眞好，想到哪裡、就到哪裡。不管是搭木柵線到木柵動物園，還是搭淡水線到淡水老街，都很方便。不然，我們也可以哪兒都別去，就在車站裡待著，吃吃喝喝，也很不錯。

記得第一次帶他出門搭捷運，完全出乎我的意料。不管從進站到櫃檯索取路線圖，或是刷卡進入月台上、下車，他都顯得十分嫻熟。

我以爲他小小年紀，飛出牢籠，會選擇幾個知名景點，玩個痛快。沒想到，他建議前往的第一站，卻是毫不起眼的一個小站，令我丈二金剛摸不著頭緒。

他要我別管，跟著他走就是了。我也不問，只不過好奇他究竟要把我帶到哪裡去？

等出了站，他首先向我預警：「我們得走一段長長的路！」「沒關係！你帶路，我跟你走！」

那天，天下著小雨，我們的確走了很長的一段路，尤其路邊只有一些老舊商號，實在看不出端倪。

走著、走著，前面道路豁然開朗，是一條車水馬龍的大街，路口還有一家便利商店。他突然變得很緊張，建議我們：「先在超商坐坐！」他很老練地把我帶到座位區。我懷疑他先前來過，否則不會那麼熟門熟路。

果然，等坐定後不久，他用手指了指對街：「你有沒有看到那條巷子？我以前在那裡住過！」我終於恍然大悟，原來，他是來找原生地！我的心立刻燃起一股醋意。「難不成，他還懷念那裡？」我不甘示弱、甚至有一種上門踢館的衝動，想去互別苗頭。「走！我帶你去，別怕！」

接下來，他拽著我的手，緊緊貼著我穿越馬路。當走進黑暗巷弄之中，但見黑鴉鴉的小屋，一間、一間挨著，每間看上去都極爲狹小，像是擠身在防火巷的一道道後門。與其說是住家，還不如像是鴿子籠，勉強可以住人罷了！

「哪一間？」「走啦！媽媽！」我發現他害怕得連眼睛都不敢直視，一直把臉別過去，拉著我快走。「沒關係！哪一間？」「媽媽，走啦！」

我們頭也不回地離開那裡，他的傷心地。我曾經想過，要是那天我運氣不好，眞的與他家人狹路相逢，萬一他被認出來怎麼辦？我安慰自己，那也無妨，若是真的碰上了，他們能把我怎麼辦？又能把他怎麼辦？

從那次後，不再聽他提起那條記憶中的小巷，更沒有吵著再去。

接下來，我們順利完成捷運之旅、高鐵之旅、火車之旅，去過台灣大小景點，從北到南、從西到東，都留有我們的足跡；甚至於，我們經常心血來潮，臨時起意打包上路，開著我那台小車，由他Google導路，遊遍台灣各個角落。

他拿到護照以後，我們帶他去日本，他終於看到他夢寐以求、人生中的第一場雪。當他興奮地將小小的身軀，插進高聳的雪堆時，我相信，往後的每一天，他都將朝著他人生中、真正的夢想之路，大步向前。

就怕他想死

我第一次做試管嬰兒，子宮外孕，雖然不算眞正懷孕，但我始終自欺欺人，相信那一次，我根本流掉一個孩子。

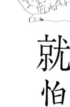

這種情結，也投射在每一個已結的漂亮珠胎上。每一次，當我將所照的超音波圖，像珍藏的老照片一般拿出來翻閱時，我的心就要痛一次。

我兒來家試住時，剛好八歲。掐指一算，他出生時，正好是我子宮外孕那一年。我因此認爲，老天奪走了我一個孩子，竟然還了一個回來。

我兒子也有類似情結，他經常問我：「爲什麼我不是從妳肚子裡生出來的？」我斬釘截鐵回答：「誰說不是！你根本就像從我肚子裡蹦出來的！」

我和老公都很開明，當嘗試試管失敗之後，立刻決定領養。

老公是獨子，從小由寡母帶大，沒有養兒防老、傳宗接代的觀念，也不迷信血統。我婆婆更是偉大，我做了七次試管，從工廠開張、做到工廠倒閉；從第一次打得出六個卵泡、到最後無疾而終，最後還是她喊停的。

所以老公和婆婆在決定孩子性別時，不約而同要了女生。我原本就喜歡小男生，加上，我畢竟身爲楊家的媳婦，勢必得有多一層設想，所以在塡寫性別時，堅持要個男孩。

男孩、女孩在我們家，不是問題。問題在於，我們即使再開明，畢竟能力有限，還是排除了幾項條件。

我以前不相信緣分，但打從一開始，兒子就與我們十分投緣，像是零距離。冥冥之中，似乎一直有條因緣線，將我們彼此綑綁，再也分不開。很快地，我們決定將城門打開，無條件接受他。就算未來掀起狂風巨浪，我們也在所不惜。

果然，自從兒子到我們家以後，不管姓楊的、姓黃的、老的、少的、堂的、表的、遠的、近的，沒有一個人不喜歡他。

我們第一次旅行，到日月潭三天。貝比一進旅館，看到兩張大床，興奮得又叫、又跳；還舉起抱枕，做舉重狀，把我們逗得哈哈大笑。

第二天，他與我們一同騎自行車，一馬當先，毫不畏懼，一股腦往前衝，讓我的目光完全無法從他身上移開。

他與我老公划船，兩人一前一後、亦步亦趨，默契十足，就像一對相處多年的父子。

他的生性樂觀，無時無刻不在笑，幽默風趣，很愛說笑話，尤其很愛表演，誇張的表情、逗趣的動作，童言童語的，總是扣人心弦。

他常要我們抱，在我們身上爬來爬去，讓我們飽嚐親子之親。

我和老公常在送他上學後，開車前往辦公室的路上，回味他的一舉一動、一顰一笑，兩人喋喋不休，說個不停，內心感到幸福洋溢。

可是我慢慢發現，他雖然很開朗，但在心底好似夾藏著許多秘密；他很童真，但體內卻又像住著一個大人；他的身軀，比同年齡孩子瘦小許多，卻早熟得比任何人都還要快。

我常趁他洗澡、睡覺的時候，發揮記者功力，向他一點一滴挖掘。每一次，他都會不經意地倒出一些。有一次，我們行經一家醫院，告訴他：「貝比，你就是在那家醫院生的！」他挑頭看了一眼，似乎陷入複雜情緒。

「妳不想養我了啊？」「不！我說過，要把你養到大！你甩不掉我的啦！」剛來的時候，他有些不安全感，所以只要我們一生氣，他就會以為：「你們不想養我了啊？」

更令人一度憂心的是，他因為貪玩不睡覺，或是只要輸棋就會大哭、大鬧。若再經過我責罵，情緒更顯激動，會作勢去撞牆或是拿起枕頭，拼命打頭。最後一定會蹦出一句：「我想死！」

我第一次聽他這麼說，覺得事態嚴重，難過得掉眼淚！「你是說眞的、還是說假的？」「眞的！我就是想死！」他又說了一遍！他絕不會無緣無故這麼說，而且每次情緒一激動，一定上演同樣戲碼。我若找不到其中根源，斬草除根，我怎麼能安心？

他晚上跟我睡在一起，小孩多半怕黑、怕鬼，不敢一個人睡。他剛來的時候，還維持過去的習慣，即使睡覺依然全副武裝，外衣、外褲，都穿在身上。

他的身形實在迷你，當整個人藏在被子裡時，若不仔細看，會誤以為他突然失蹤。

他剛來的那幾天，我因為缺乏經驗，加上沒帶眼鏡，睡到半夜突然發現他不見了！腦海中立刻閃過不好的念頭：「他是不是走了？他該不會從樓上跳下去了？」我立刻翻身起來，瘋狂地在樓上、樓下找著，一路叫著他的名字。我甚至還打開門，到院子、陽台上查看。整個人快要瘋掉！我告訴自己要冷靜，開始放慢腳步，一層樓、一層樓搜，依然找不到，回到房間跌坐在床上，完全不知所措。當我正徬徨無助時，突然靈機一閃，將被子一把掀開，不禁啞然失笑。他其實好端端地在被窩裡睡著，是我想多了。

我們之間，曾經為了一些小事鬧情緒。他平常連上個廁所都要我陪。可是有一次他竟然賭氣，一個人跑到三樓去睡。我僵持了一會兒就投降了，趕忙下樓找他，竟發現他坐在黑暗之中，若有所思，令人心疼。

他常常在失意時，一個人坐在客廳沙發上，像掉進深海，小腦袋瓜裡不知道在想甚麼？「我可以回去啊！」他剛來的時候，經常這麼說。語氣中充滿著剛毅與不確定感。

他的表姊、表哥有次北上，帶他去逛東區周杰倫的店。或許是他走得太累了，一個人坐在角落裡，眼神哀傷，看著表姊舉起的鏡頭。

他最後一次哭鬧，呼天搶地，像個青蛙一樣，跳來跳去，拿頭去撞枕頭，說他想死的時候，我已老神在在，靜待他鬧夠了安靜下來。

有一次，他看我不像過去會傷心落淚，竟然用眼睛偷瞄我，還忍不住笑了出來。我才恍然大悟，那不過是他抗衡的武器，想博取我的同情，要我臣服。「唉喲！小孩也會有情緒嘛！」當他的詭計被拆穿之後，他這麼自圓其說。

日後，我不曾聽他再威脅「想死」，也不曾看過他像青蛙一樣，激動亂蹦。他反倒像一顆顆經培養皿培育而成的胚胎一樣，游進我的子宮裡，牢牢抓住我的子宮壁。

自始至終，我從來沒有求取過專家意見，卻自行找到解方。那個解方叫做「愛」。他服用了以後，日漸茁壯，而且久病成良醫，相對地，也把我們治癒了。

VICTOR
5
4

輯三

我當媽了

終於叫我們了

我和老公這輩子，雖然一直想爲人父母，卻始終未能如願。好不容易盼來我兒，一開始卻等不到他開口叫我們爸、媽。

打從第一天開始，他與我們到兒童新樂園去玩，就叫我們叔叔、阿姨。我也不以爲意：「這很合理啊！我們才剛開始相處，彼此還很陌生，他羞於啟齒，其實很自然。」

等他來試住以後，我們期待他會改口；但半年過去，他依然叫我們叔叔、阿姨。

我幾次問他：「你過去連育幼院的保母媽媽，都叫媽媽了，爲什麼不叫我媽媽？」他回答我說：「過去我在寄養家庭，我也叫他們爸爸、媽媽；在育幼院叫保母媽媽，也叫『媽媽』，他們都不是我眞正的爸爸、媽媽。」

小孩總有害怕的時候，需要媽媽的保護。打比方說，他的天敵是蜘蛛和蟑螂，每當與牠們狹路相逢時，都會嚇得驚聲尖叫，甚至會直接跳到我身上。就算是這時候他緊急呼叫我，還是叫：「阿姨！阿姨！有蟑螂！」我有些悵然若失。

他在家裡叫，也就罷了；他常常在外面叫，有時候讓我們有些尷尬。

回想當時，他似乎有疏離感。他第一次參加我們社區舉辦的聖誕晚會，內心既期待、又怕受傷害。當看到人多的時候，常退到角落，顯得有些格格不入。我理解他！當時他尚未入籍，與我們不同姓，怕被鄰居問起，他不知該如何回答。

我們第一次參加家長會，他似乎也有同樣的顧慮。他其實早看到我們進校園，卻假裝不認識，躲得遠遠的。直到我們要同學通知他：「你爸爸、媽媽來了！」他只看我們一眼，就跑得不知去向。

每個禮拜固定跟我們打球的球友，兩年之後跟我們提起：「這兩年，他變化好大；否則他剛來的時候，有些疏離感，總是躲得遠遠的。」

他心底其實很想早一點正式成爲我們家的孩子，不必多作解釋。

但是時候不到，要強迫他叫爸、媽，的確有些尷尬。

我其實也很怕他在同學、老師面前，大聲喊我們叔叔、阿姨。我擔心，同學若是知道我們還不是他的爸、媽，而只是叔叔、阿姨的話，保護傘不在，會對他另眼相看。即使因此對他再三耳提面命，他還是不爲所動。他的班導師也意識到同樣的情形，要叫他改口，他還是不願意改變。

我預判，他內心那個小小世界，似乎自有盤算，想等到正式成爲我們家的孩子，才打算開口叫我們爸、媽。那是他自我保護的機制，他不想輕易付出感情，以免受到傷害。

值得慶幸的是，他的嘴巴雖然硬，與我們相處卻進展神速，比親人還親。我有把握，他終有一天會叫我們爸、媽；而且他一旦開口叫人，一定會先叫我媽。因爲我老公平常兇得不得了，不像我每天跟他黏在一起。就算他永遠叫我們叔叔、阿姨，我也不會介意。

果然，有一次他洗完澡，像往常一樣撲向我懷裡，讓我用浴巾將他裹住，同時將頭枕在我的肩膀上，嘴裡突然發出「姆媽！姆媽！」的聲音。雖然不十分清楚，卻令我心頭爲之一顫。我很篤定，在不久的將來，他一定會開口叫我一聲媽。

結果卻大出意料！當他果眞在不久之後，用堆積木的方式，婉轉表示時，起初先堆出個「楊」、隨後那個「爸」字，隨即應運而生。我老公平常不太善於表達情感，但當時他內心如波濤起伏，久久不能自己。趕緊拿出手機，捕捉那一刻難得的畫面。

我也十分感動。這證明了他已接納了我們。雖然他羞澀地用積木表達，但離他開口叫我們之日，已在不遠處。

果然，幾天後的一天深夜，他聽見打雷轟隆轟隆地，從夢中驚醒撲向我的懷裡。「媽媽，好可怕喲！」「不怕！不怕！只是打雷，媽媽在這裡！」接下來的夜晚，我帶著笑意入眠，夢裡不知身是媽，知道他終於來了，而我早就等在那裡！

上法院

這一天終於到了！我們要帶他上法庭，爭取親權。前一天晚上，我們如臨大敵，希望能獲得法官認同，讓彼此夢想成眞。

對我和另一半來說，偶有被告經驗，上法庭難不倒我們；但對一個才九歲大的孩子來說，他連法院長得什麼樣都不知道，要如何面對法官，爭取自己的命運？

我怕在緊要關頭他會說錯話，壞了大局。於是，利用好幾天睡覺前的一點時間，對他面授機宜，並且強調此事的嚴重性。「你覺得，該怎麼講呢？媽媽不能教你，你想講甚麼、就怎麼講。不一定要說我們好，只要照實說就可以了。千萬不要怕！」他聽我絮絮叨叨，嫌煩！突然蹦出一句：「好啦！我知道啦！我自己會說，妳不要再講了！」

我們那天起了個大早，趕在九點前抵達法院。一路上變得寡言，不像往常。不只他，連我和老公都變得緊張。

我們快步上樓，進入法庭，面對的是位女法官，極有可能，也是一位母親。

法官先要我們兩夫妻進去，「爲什麼想要領養小孩？而且還領養這麼大的？怎麼那麼有愛心？」聽她這麼說，我們有些不好意思。經過說明，她完全明白。

進行到一半，我兒子進場，就坐在我們中間那張大椅子上，搖來晃去。他臨場有大將之風，整體表現令人激賞。好笑的是，當法官直呼我們姓名時，他竟向她提出糾正：「妳應該稱呼他們：黃光芹『小姐』、楊文嘉『先生』！」一連糾正她兩次。法官只好聽命，立刻加註警語，惹得我們哄堂大笑。

緊接著，好戲上場。當法官問：「你爲什麼想要成爲黃光芹『小姐』和楊文嘉『先生』的孩子？」他一時語塞，不知從何說起？

的確，要他一口氣，陳述九年來種種遭遇，實在困難。別說小孩了，連大人恐怕都無力招架。但是，他心知肚明，這一刻對他來說，實在太重要了！他不能有任何閃失，必須極力爭取。情急之下，他竟蹦出：「因爲我感到很幸福！」哇！「幸福」二字，涵蓋了一切。千言萬語，都抵不上這段告白。

他才說完，一個戴口罩、年近三十歲的女人，進入法庭，坐在離我們不遠處。我猜，她就是孩子的母親！

其實當時，我還不知道該如何面對孩子的母親。先前，我聽許多過來人說過，大部分父母，當辦完領養手續，都刻意把孩子藏起來，窮其一生都不讓他與生母見面；只有少數養父母並不忌諱，到底母子天性，不應該刻意禁止他們往來。

我在見到她之前，心裡沒有任何打算，只是想：反正兵來將擋、水來土掩，一切順其自然就是了。該是妳的、就是妳的！

孩子生母所坐的位置，餘光可以看到她的兒子。她可能很訝異，多年未見，兒子都長那麼大了！我刻意注意貝比的眼神，他始終正襟危坐，沒有偷瞄他母親一眼。

法官問了她幾個問題，她一一答覆。當問到：「妳是否願意放棄親權？」我的心，立刻吊在半空中，就怕她說「不」，那該怎麼辦？

還好，她向法官表達，自己無力撫養，接著在公文上簽名，同意放棄親權。我和老公踽踽獨行至今，總算快要大功告成。

在中間等待的時候，我、孩子、孩子的生母，分坐在法庭的長廊上，彼此各據一方。沒多久，我想起兒子先前跟我的對話。「我辦護照的時候，她站得遠遠的，沒有過來打招呼，害我連她的臉都看不清楚！」「我只想看她一眼，看她長得怎麼樣？」

我於是起身，走到她的面前，請她把口罩摘掉。「妳兒子從小到大，從來沒看清楚妳的長相，可不可以請妳把口罩拿掉，讓他看個清楚！」我的年紀足足比她大二十多歲，照理說都可以當她媽了。在我的要求下，她終於把口罩摘下。

我把兒子叫過來，他有些怯生生地，一屁股坐在我的腿上。「你不是想看清楚你母親的長相，她就在你面前，你好好看清楚！」他似乎放棄了這個機會，目光閃躲，不忍直視。

我把三人拉在一起，合影留念；接下來，撮合他們母子，至少握一握手、擁抱一下。每個動作，我兒子完全照辦。之後，又回到我的身上。

等我們上車以後，我的手機劈哩啪啦作響。她的母親將兒子嬰兒時期的照片，依我的囑咐，傳到我的手機裡，終於將兒子成長時期的空白，填補起來。

事後，我聽社工說，我們走後，孩子的母親還是落下眼淚。我相信，之前的遺憾，終於在我們這裡寫下完結篇。

謎底揭曉

我兒子來家裡試住的時候，剛好碰到暑假，有充分的時間與我們相處；還可以銜接上新學期，重新開始。

我老公和我並不迷信貴族學校，只想把他像種子一樣，任意拋出，拋到哪兒、長到哪兒。我們相信，只要他努力向上，我們提供肥沃的土壤，終有一天他會成長茁壯。

可是，當我們爲他選擇學校的時候，還是起了差別心。原先，我們想把他送進學區內的一所雙語學校，無奈到得太晚，那所學校早已人滿爲患，擠不進去。我們立刻決定，讓他讀學區內另一所公立學校。他也因此成爲我的小學弟。

沒有當過母親，不知道兒子入學，做媽的，比他還要緊張！

他是轉學生，面臨生涯雙重轉換，我怕他一下子適應不過來，特別在開學第一天，陪他到校。我和老公像所有一年級家長一樣，把小孩送進去，卻又放心不下，停留在窗邊偷偷張望，等確定他穩定之後，才帶著忐忑不安的心離去。

貝比的適應力很強，很快就融入班上，跟同學打成一片。他很幸運，碰到一位好老師。日後成爲他生命中，一位不可或缺的心靈導師。

由於他的身世特殊，當轉入新的學校，所有的秘密只有老師知道。或許因爲這個緣故，老師始終對他多了一層關照，從一些細微的動作，就可以看出。他除了耐心教他打羽毛球之外，每天放學，還總是牽著他的手，把他帶到我們面前，沒有一天除外！

貝比轉學的第二年，碰到改名的問題。我和老公全無經驗，只好把難題丟給老師，擇期由老師向全班宣布。

還是老師有辦法！他分兩天運作。第一天，他將兒子的新名字，寫在黑板上，坦白告訴同學，他連名帶姓改了，就沒有再多說什麼。

等到第二天，他先把兒子支開，要他幫忙跑腿，到學務處送資料，他則利用這個空檔將謎底揭曉。他告訴班上同學，我兒子已經被我們夫妻領養，而且我們十分愛他。

小學三年級的孩子還只是孩子，各個純真可愛。當謎底揭曉之後，他們像發現新大陸一樣，拉著他問：「你是被領養的喔？！」我兒子也很坦白：「是啊！」他非但沒有遭到同學歧視，反而多了許多關愛。

我們夫妻都是名人，在處理貝比在校事務時，刻意選擇謹慎、低調。有一次，他和班上同學掃完地、在回教室的途中，在上樓梯時遭到襲擊。打他的同學是其他班上的學生，重重一拳揮在他的臉上，使他的嘴唇滿布鮮血，立刻被同學送到保健室。老師聞訊趕來，幫他拍照存證。一直等到放學我們去接他的時候，才告知我們這個訊息，怕我們著急。

我兒子被這麼一打，驚嚇過度，哭得很傷心，好像想把多年的委屈，一次哭完。我看到老師傳給我的照片，十分心疼。

我事後調查了一下，發現打我兒子的孩子是位特殊生，有情緒障礙；而且，先前並不認識他，只是隨機挑中他，並非衝著他來。因此我考慮了一下，並未追究。連日後與他們母子擦身而過，都假裝沒看見。

我怕兒子誤會，以爲我不幫他討公道。因此趁機機會教育。首先，我告訴他這個孩子十分特殊，要他將心比心；可是，我再怎麼低調，都不能教他軟弱。他原本身型就特別瘦小，如果不懂得反抗，怕久而久之會成爲被霸凌的對象。因此我告訴他，若日後碰上同樣情形，能躲、就躲；不然，趕快向老師求援。我雖然不主張出手還擊，但若爲了自保，或避免營造弱者形象，我教育他，該還手時還是必須還手，不要示弱！如果對方太過於惡劣，我這個做媽的，絕不會善罷干休！

兒子剛來的時候，在學校遇到任何困難，從不曾打電話向我們求援。我原以爲他因爲不習慣，所以沒有找媽媽。後來我才知道，像他這樣在特殊環境下長大的孩子，遇到任何事情只有靠自己解決。唯一一次，是他念小學二年級的時候，有一次放學突然拉肚子，學校大多數人都走光了，廁所又在偏遠、黑暗的角落，他不敢一個人待在那裡，只好向育幼院、大他一年級的同學求援，由對方守在廁所外面，陪他一起共度難關。

我看他以前老師的聯絡簿上，總喜歡數落他的不是。有一次，說他拿橡皮筋射人。拿橡皮筋射人固然不對，但老師怎麼不進一步問：

其他同學有沒有對他做了什麼？而他為什麼要拿橡皮筋射人？小小一條橡皮筋，恐怕是他自衛的武器。

我兒子與我們相處兩年之後，開始習慣打電話給我們。不管是等不到我們、還是忘了帶東西，我接到電話以後，立即迫不及待飛奔過去。不管是送傘、送衣服、還是送課本，總是使命必達。

他九歲生日那天跟我提出要求，要我買個蛋糕送到學校去，他想讓同學幫他慶生。那天他可風光了，站在舞台中央，終於嘗到眾星拱月的滋味。

最令人動容的是，在導師的引領之下，我在二〇一八年的母親節，冷不防接到他的電話。他在電話那頭說：「媽媽，我愛妳！祝妳母親節快樂！」我瞬間淚崩；而前一年的母親節，他還在老師的教導

之下，幫我這個做媽的，打水、洗腳。

他現在可是有媽的孩子，不再落單。否則滿腔的情愫，將向誰訴？

一塊錢比天大

我兒子搬來我家住，除了拎了個小背包，帶了幾件舊衣服之外，還有一本存摺，戶頭裡有一千元，是政府給的。

我曾經問過一位朋友，她兒子跟我兒子同齡。「該給他多少零用錢？」「不用！小孩不是到學校、就是跟大人在一起，根本用不到錢，我從來不給。」「這成嗎？」果然不成！

我兒子在育幼院期間，養成許多好的紀律。育幼院的零用金制度，就讓他養成儲蓄的習慣。據他說，育幼院童平時表現差的，拿不到一塊錢零用金；表現普通的，一個禮拜大約有十五到二十元；表現好的，最高可以拿到五十元。這些錢既是零用金、也是獎勵金，對他們頗具鼓舞作用。他們把這些錢存起來，日後拿來購買日用品。所以兒子在此薰陶下，一塊錢看得比天大，凡「錢」錙銖必較，一點兒都不令我擔心。

我在育幼院做課輔時，曾經仔細觀察。育幼院桌、椅、床、櫃和書籍，一應俱全；多出來的空間，堆放著許多鞋盒，想必鞋子有人捐助。至於平常吃、住都在育幼院，無須花費。唯獨內、衣褲和衛生紙等私人用品，必須自己購買。

育幼院的孩子，因爲沒有多餘的零用金，所以最嚮往樂高玩具。

幾個孩子少數幾樣樂高，每天拆來、組去，重複在玩。

兒子剛來的時候，我曾經爲了該發給他多少零用金，而與他起過衝突。「平常育幼院，都給你們多少零用金？」他跟我說五十元，後來我跟社工打聽，才知道他多報了。我很生氣，罵了他一頓；他知道有愧，哭得很傷心，瞬間成爲淚人兒。

「那到底該給他多少？」我想通了！問題不在多少，而在於繼續延續他儲蓄的好習慣。最重要的是，我想讓他知道，他已經離開育幼院，不需要錙銖必較，可以靈活運用，甚至作爲自己的教育基金。

那不妨給多一點，最後，我決定每個禮拜發給他二百塊錢零用金，固定在禮拜五晚上發放。他破涕爲笑，把錢放進他之前帶來的那個小錢包，日積月累，存了不少錢。於是我教他分類，小錢包放零錢，新買給他的大錢袋，則放紙鈔，他管理得很好，從來沒有花過大錢。

他其實很大方，偶爾會拿錢出來請客；但是他對錢還是相當保守，絕不輕易出手，亂買東西。不管帶他到遊樂場還是文具店，他經常仔細審視，從不輕易下手；看到喜歡的，會先跟我商量，若有必要，由我出手幫他買。

我記得他第一次拿到前三名，在京華城玩具反斗城看到一架夢寐以求的遙控飛機，他一直忍耐，直到我們都要搭手扶梯走了，他才開口。我轉頭買給他，他高興得一路跟我確認：「是不是我考第三名，妳買給我的禮物，作爲獎勵？」

我兒子很有生意頭腦，但有些錯誤的觀念，經我導正，已經不再重現。例如，他曾經把三顆金莎巧克力的其中兩顆，賣給兩位垂涎三尺的女同學，一顆竟然賣五十元。回家後還得意地跟我炫耀。我把他罵了一頓，要他第二天務必把錢還給人家，順便對他機會教育，要他大方一點：「人家想吃，你就送給他吃，這樣才交得到朋友，以後人家才會跟你分享。否則的話，你寧可自己吃，誰都不送。」

下一次，他又不小心說溜嘴，竟然又將一顆糖以五元的定價賣給同學。我又說了他一頓。「欸！我只賣他五塊錢耶！」我又好氣、又好笑，再跟他強調一次，不是賣多少錢的問題，而是根本不能賣！

他們學校每年都會舉辦一次跳蚤市場。我第一次當媽，沒有經驗，拿了一個大紙袋，裝了二十樣東西，除了幾套沒用的鉛筆和筆記本，連買給他的小內褲，或未拆封的女用褲襪，都丟了進去。連他老師看了都快要昏倒！

活動結束，他一樣東西也沒賣出去。一整天站在那裡，望眼欲穿。人家門庭若市，他卻乏人問津，覺得面子都快被我丟光了，回家好好抱怨了我一番。

第二年我們捲土重來。這會兒，我可有經驗了，專丟些小孩子喜歡的玩偶和小汽車進去，結果這一次他滿載而歸，賺了二百多元回來，十分高興。我想想，不太對勁呀！他帶去的東西，大多原封不動帶回來，怎麼還有兩百多塊錢的獲利？原來他的一位同學，經常照顧他，也不還價，就照他的開價，花了二百元「兄弟價」，掏錢買下其中一個玩具。

我看他是塊做生意的料，若他以後開店、做小生意，絕對穩賺不賠，我有十足的信心。

他生肖屬鼠，自從他成爲家族成員之後，神奇地爲我和老公帶來前所未有的好運。我們私下幫他取了個綽號，叫他「錢鼠」。他最高紀錄在彩券行，投資四百元，抱回兩千元。

我曾經失心瘋跟他對賭，賭金開到兩萬元。結果他贏了，我反悔不給，他堅持跟我要，又哭、又鬧，非得要那兩萬元。老公勃然大怒，狠狠把我罵一頓。他有所不知，要不是我私下以二千元跟他達成協議，否則他恐怕耿耿於懷。

兒子財富越積越多，始終放在抽屜裡，完全沒有動用，平常也不關心。久而久之，遭我覬覦挪用，成爲我的週轉金。他發現之後，一點兒也不以爲意。

我和周玉蔻打官司，一審敗訴，判賠四十萬元。當天晚上，已做了最壞打算。當時我們的財務還有一點兒緊張，婆婆說要幫我全額負擔；兒子知道以後，二話不說，說要把所有儲蓄通通給我。「媽！我有的是錢，你繼續跟她打！」他在關鍵時刻願意爲我慷慨解囊，顯現他對我情深義重，我這個兒子沒有白養！想必未來必定是個孝子，成爲我此生最大的福報。

可怕的小米粥

我這一生，從來沒有爲任何人把屎把尿，連父母親都沒有，貝比是第一個。

他讀小三，也就是來家裡的頭一年，有一天放學回家，我幫他洗澡，發現他的內褲上有糞便清洗過的痕跡。一問之下才知道，他上午在上電腦課的時候，突然鬧肚子，加上又有認廁所的習慣，所以當他從電腦中心一路狂奔回教室旁的廁所，早已來不及了，拉在褲子上。

老師平常鼓勵學生，若想上廁所，即使在上課中也可以自由行動。他平常很大方、不怕生，不至於膽小不敢跟老師說。恐怕就像一般的小孩一樣，等到發現想上廁所了，往往來不及。

我的困惑是，既然內褲已經髒了，為何不直接丟掉，還自己在廁所裡搓洗，等到差不多乾了，再穿回身上去？我腦海中立刻浮現出，他小小身軀站在洗手檯用手搓洗的模樣。

第二年的一段時間，他曾經腹瀉不止。我雖然帶他去看過醫生，他也按時服藥，就是止不住瀉。一連兩天，他請假在家；但我怕他請假請成習慣，藉故不去上課，因此強迫他第三天晚上非得去上英語課不可。

我還是有些擔心，因此一路跟著，並再三叮囑他：「媽媽就在樓下，如果你想拉、或是已經拉在褲子上了，就直接下樓，等上了車之後，把褲子一脫，我先用濕紙巾幫你擦擦，馬上載你回家，你也比較舒服！」他很乖，勉強答應我。

我在英語教室大廳，一連呆坐三個小時，始終不見他下來，心想：「應該沒事吧？」沒想到，當他放學下樓，臉色鐵青，見我就說：「走！」

到了車上，他跟我說：「我又拉了！」「甚麼時候？」「第一堂快要下課，我跟老師說，他卻要我再忍一忍，等吃飯的空檔再去！」若他所說爲眞，下面還有一堂課，他不整節都坐在糞便上？難道老師沒有聞到味道，竟然渾然不覺？

這件事後來變成羅生門，我也沒有進一步追究。我難過的是，之前我交代他：「媽媽就在一樓等你！」他爲什麼碰到問題，卻不向我求援？令我頗感挫折。

他鬧肚子的那幾天，總共在床上拉了三次。他每拉一次，我就得連床墊、床單和被套，一次總清洗；等到拉到第三次，我洗床單洗到瘋掉，一個人站在陽台上，撕心裂肺吼著：「啊！啊！啊！啊！……」自此以後，我們戲稱「黃湯」爲「小米粥」，以後一看到小米粥，我就怕！

他之前也尿過一次床。在我的經驗裡，尿床比拉肚子還麻煩。因爲尿是液態，一瀉千里，會將床單、床墊整個透濕，連床墊都得重買。

吐比較好解決。他曾經在床上吐過一次，我緊急把枕頭墊上去，之後直接丟掉，省了自己不少麻煩。

所謂「養兒方知父母恩」，我到此才終於明白！我只期望等我老了以後，他懂得反饋，或許也能嘗嘗，一個人困在陽台上，那種撕心裂肺、大吼大叫的滋味。

鐵樹開花

進入收養階段，我們夫妻曾經依規定參加一連串的心理諮商課程。其中有一堂課十分有趣，老師要我和另一半各自畫出彼此的形象。結果，我老公畫了一顆太陽高掛在天空上；而我則畫了一個機器人，手臂上還有一個納粹徽章。

老公的個性僵硬，平常謙恭有禮；但一旦發起脾氣，怪嚇人的！

他與我去育幼院進行課輔，我溫柔、有趣，他一板一眼。有一回，他教一位二年級院童數學，突然間分貝大了起來：「我上次教過你，你原本都會，怎麼現在算不出來？十五加六十等於多少？」我看情形不對，主動接手。「我來！」等我一看，小孩一時情急，竟然在數學課本上，畫了七十五個圈圈。

我兒子剛上三年級的時候，我們兩個說好，我數學和自然不好，所以由他負責；至於英文、國文和社會，則由我來教。人家常說，要「易子而教」，我們倒有深刻的體會。

我幫我兒子上最後一堂英文課，喉嚨都快要喊啞了。「Nine，奶奶，Nine！我昨天才教過你，你怎麼又不會？」我怕他記不住，用些好記的方式教他，例如七，我用「Seven Eleven」，教他強記。沒想到最後，他竟然眞的蹦出個「Seven Eleven」，讓我又好氣、又好笑！

老公看我快要崩潰，直接接手，之後，則擔下所有的課程。

他是一個持之以恆的人。每天晚上一定盯著兒子做功課；平常聯絡簿也都是他在簽。兒子最初頗爲抗拒，他先以「十五分鐘制」來勸誘，等他養成習慣之後，再從三十分鐘、增爲一個鐘頭；期中和期末考前，他們還創下一個半小時的紀錄。

兒子在這種緊迫盯人下，課業突飛猛進。從原本末段班的程度，一下子衝到全班前三名。小三下學期拿到第一，一直保持到四年級。

他拿到第三名的時候，學校頒發給他一個進步獎，有一張獎狀，還有一百元獎金。我們拿手機幫他拍照留念。奶奶則給了他一千元獎勵。這次的進步讓他信心大增，知道自己聰明，只要努力就可以達到目標！

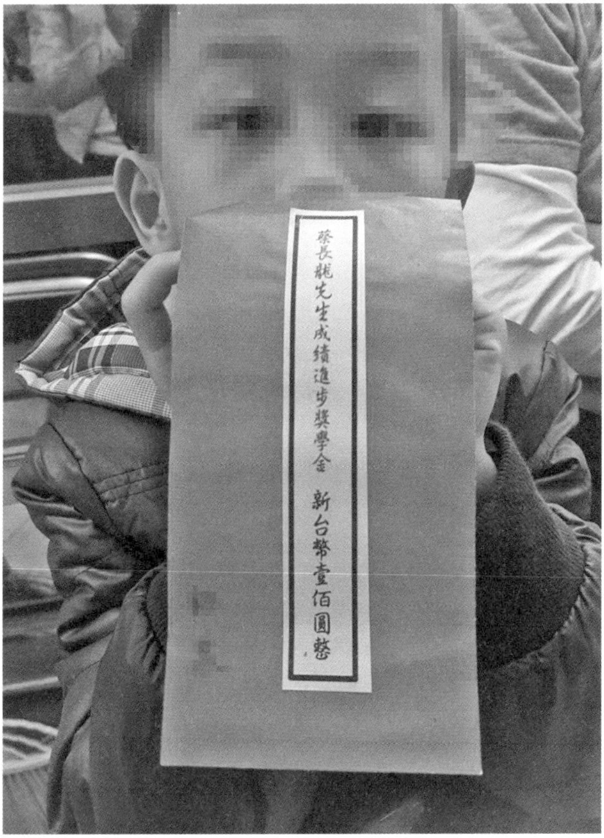
蔡長龍先生成績進步獎學金
新台幣壹佰圓整

老公帶兒子做功課，很有耐心，跟他一起算算數、讀英文、朗讀課文，我常常在樓下聽，覺得很欣慰。音樂考試前，兒子還站在老爸的面前吹長笛，一幅令人感動的畫面。老公爲了培養兒子的音樂素養，還拿出獨家絕活，幫他安排了一套音樂聆賞課程。老實說，他帶小孩，還眞有一套！

上著、上著，我發現他偶爾也跟我犯同樣的毛病。

小四下學期的期中考前，爸爸發現他的數學退步，該會的不會，猶如「腦部當機」，因此失控，對他大吼大叫：「你怎麼又當機了？專心！專心！那麼簡單，你怎麼不會！」聲音大到就像要把屋頂掀開。我擔心兒子承受不起，頻頻下樓關切：「你好好跟他說嘛！慢慢教，不要急！」等我下樓到第三次，他連我一起吼：「妳走開，不要管！」起初，我兒子一點聲音都沒有，只顧著低頭猛算；沒多久，他終於崩潰了，淒厲的哭聲震耳欲聾，令人不忍。等終於結束，他已被折騰得氣若游絲，拖著疲憊的身軀，語氣中有些許怨懟。「走！上樓了啦！」要我幫他洗澡、帶他上樓睡覺。

像這樣天崩地裂的場景，曾經發生過兩次。

他剛來的時候，我和老公注意到，有時候他對大人的事顯得漠不關心，常常置身事外。例如有一天，我在樓梯上整理書籍，書太重要他過來幫忙，他卻文風不動。瞬間，我的書一本一本從手上滑落，砸在他爸爸的書桌上。我忍不住訓了他一頓。

接下來，我們先上樓，老公留在樓下書房，突然間發現觸控筆裂了，直覺剛剛一直坐在書桌前的兒子嫌疑最大，因此直接找他興師問罪。「我沒有！我沒有！我真的沒有！不是我！真的不是我！」他聲嘶力竭地吼著，幾乎用盡全身的力氣，就是不承認。我隨即加入戰局，指控他說謊。「你說謊！我不容許小孩子說謊！你只要承認，我們不會怪你！」他還是激烈辯駁，一副寧死不屈的模樣，一把鼻涕、一把眼淚，打算繼續跟我們奮戰。

我想想：「不對！他雖然一直坐在書桌前，但距離老公觸控筆放置的位置，還有一段距離；難不成，是我剛剛書本掉落砸壞的？」我趕快出面自首，兒子瞬間沉冤得雪，哭得更傷心。不過，由此可見他的個性中有頑強的一面。

另一次，爆發在我們打完球、返家的途中。

每周四，我們固定和幾位朋友打球。我兒子剛開始連球都不會發，卻要佔據球場的位置。他爸爸起先拉他出去散步，轉移他的注意力，他也乖乖順從；但回過頭來，卻依然故我。他爸爸一直忍耐，等上車之後，見他還繼續鬧，再也忍無可忍，要趕他下車。「我不要！我不要！」「下車！你給我下車！」「老公，你好好開車！紅燈！紅燈！」我試圖平息他的怒火，但絲毫沒用！老公激動得把車門打開。「你給我下去！」我一把將車門關上。「你不可以這樣！」老公似乎知道自己踩到紅線，立刻剎車。不過從此也對他下了禁令，不准他再去打球。

我和另一半個性截然不同，在專業領域上，我十分剽悍，但私底下卻大而化之，是個「放水大王」；我老公則截然不同，有點兒「希特勒」的味道，細節上尤其嚴格要求，例如：流理臺上不准有半點水漬；窗子要緊閉、窗簾要放下，若有絲毫馬虎，他絕對叨絮。打從兒子來的第一天，他就嚴格規定，早晚必須喝一杯牛奶、不准喝可樂、吃甜食，九點半一定上床睡覺，若還聽到我們的嘻笑聲，一定打電話上來三令五申。

有好長一段時間，我在外面忙，腦海中始終浮現兒子被他罵哭的畫面；等一忙完，就快速飛車回家，結果卻往往令我大出意外。他們父子竟然相處融洽，感情升溫，絲毫不令人擔心。

兒子和我老公關係緩解的關鍵，在於一次慈湖之旅，兒子因爲吃了感冒藥昏昏欲睡，到了目的地卻不願意下車。我老公誤以爲他嫌慈湖不好玩，是老人家才來的地方，覺得他自私，非得逼他下車！我兒子下了車之後，整個人恍恍惚惚，走路也歪歪倒倒，我見他爸爸又要發火，立刻打圓場：「他才吃了感冒藥，你不妨揹揹他！」

那是我老公第一次揹人，自此之後，他就經常扮演兒子的「尤加利樹」。看著他們父子的背影，我心想：認識他這麼久，鐵樹終於開花，算是台灣奇蹟。

我兒子和我一樣，都是獅子座，生性開朗、樂觀，我是顆熱力十足的大太陽，他則是小太陽，難怪沒多久，就把「希特勒」給融化了。

詩人林雙有一首詩，名爲《盼望》，十分有名。其中幾句金句，不斷被人引用：「人家說你是好漢／我就哭了／我寧願你／只是孩子的父親。」

我老公不僅是好漢，還曾經是名鐵漢，自從有了兒子之後，鐵石心腸完全被軟化。如今，他只願意扮演孩子的父親，既趕走了希特勒，也卸下臂膀上那枚納粹徽章。

禁
造

心痛的感覺

那天事情發生得突然。星期六的早晨，他跟往常一樣，七點不到就起床；我早他一步，坐在書桌前整理滿屋子資料。貝比來家兩年，我也停工兩年。資料堆得滿屋子都是，成爲沉重的負擔。

他光著身子，像個小精靈，溜到我身旁。「媽媽，我可不可以找小軍來玩？」「不可以！你怎麼每天都想玩？而且，又要找小軍來玩？你就待在家裡，自己玩，不然看看書也好。不要吵！媽媽整理資料！」「爲什麼不可以找小軍來玩？」「不可以、就是不可以！」

他眼眶含淚，我有預感，他隨即會雷霆大發。果然，他一把將桌上的滑鼠墊拽到地上，用腳來回踩！我剛開始沒反應過來，當想到前一陣子才發生童軍團的「眼鏡風波」，有感於他並未從中學到教訓，火氣立刻飆升，把墊子奪了回來，打在他的小腿上。

我們家標榜「愛的教育」，規矩是我訂的；起初我擔心老公做不到，還曾跟他好好溝通。如今，眼見軟Q的墊子，打在他的小腿上，我不禁驚覺：「難道，我破戒了嗎？」但我餘怒未消，又打了他幾下。

雖然滑鼠墊打在身上不痛，但見他每次出手來擋，甚且一度作勢想要反擊，我突然發現，他還是感覺驚恐！尤其一來一往之間，我竟曾興起更暴力的念頭，想一把抓住他，狠狠痛打他一頓。

我驚覺自己失控，立刻坐回位子上，試圖與他對話。然而，我自己興起的這場「眞心話大冒險」，卻換來滿地的心碎。

「我是你媽嗎？你有把我當媽媽嗎？你剛剛還想打我！」我以爲，他會承認錯了，沒想到他竟回答：「妳不是我媽！」冷不防地，就把我推進萬丈深淵。

兩年、七百多個日子，我們朝夕相處、如膠似漆，我確信就算當初我自己生一個，也不會像跟他這樣親密。突然間，我像個失戀、被拋棄的小女生，開始數落他的絕情──那你Kiss我算甚麼？常跟我「青蛙抱」又算甚麼？你幹嘛睡覺時握著我的手？每天還要我幫你洗澡、按摩、穿衣服……？我怎麼不是你媽呢！

我看他小臉上還噙著淚水，表情有些茫然，不知道該怎麼辦？

「如果我不是你媽，你爲什麼還要我養你？你打算怎麼辦？想搬出去嗎？」我恨自己，每次跟他吵架，都忍不住說一些不該說的話，可能傷害到他。「好啊！可以啊！」「那你要搬到哪裡去？」事實上，他無處可去，腦海想的可能只有育幼院。唉！我簡直把他逼到死角！

「可是我不想回去！」好在，他說的只是氣話，他已經認同這個家，並與我們結成命運共同體，這個家是他永遠的家，他想永遠待在這。「那妳不想養我了嗎？」「我說過，我會把你養到大！你想把我甩掉，可沒那麼容易！」

我想藉機把疑問釐清：「你說，我不是你媽，是不是你認爲生你的媽媽，才是你眞正的媽媽；而我只是領養，不能算是你媽，只能算是你的養母？」我只是試探性問，他卻給我肯定的答案：「對！」

「永遠嗎？」「對！永遠！」我雖然已經五十四歲，內心變得強大；但當面對這樣的答案，依然覺得被重重打了一下，幸好我夠堅強，勉強撐住。

「養母」這個字眼，我在連續劇中看過，從來沒有想過，自己有一天也適用這個身分。最令我感到不服氣的是，我跟他親如親生；如今卻被定位成「養母」，中間隔了一層，實在冤枉。

「那你爲何要叫我媽？」「我叫寄養家庭媽媽，和育幼院的保母，也叫媽媽！」「但是我不一樣啊！我是你媽呀！」「那妳跟我去驗個DNA！」他不只一次這麼說，過去也曾說過好幾回。「妳看！我都是遺傳妳的！」每次聽他這麼說，我其實很高興，因爲他根本就以爲，他是我親生的。

他之所以知道驗DNA，是因爲常看我在看中國大陸每個禮拜天晚上播出的尋人節目《等著我》，每次看，總是哭得唏哩嘩啦的。他知道，所有從門裡走出來的親友，失散多年認親之前，都必須驗DNA。他雖然已經十歲，卻仍然童言童語，我想跟他說清楚：「不用驗，你不是我們親生的，兩年前，我們領養了你，你知道的！」

星期假日這場風暴，很快就過去了。我資料也不整理了，直接帶他下樓看卡通。他跟往常一樣，拿起手機播放「哆啦A夢」，並且要我陪他一起看。看著、看著，他開始媽媽長、媽媽短。我跟他開玩笑：「不行，叫養母！」這樣彼此嘻鬧了幾次，他突然露出鬼魅的微笑，說：「唉！我們小孩，也是會說氣話的嘛！」

輯 4

一生守候

為我守候

小時候，我在眷村長大，父、母親從來沒有等門的習慣。每晚八點一到，一定將門鎖上。我膽子小，總是提前返家，沒有被鎖在門外的經驗。

老公和我也不互相等門，當瞌睡蟲來了，電視一關，就上床睡覺。好幾次，我深夜返家，總是摸黑進屋，沒有一次例外。

意外的是，自兒子來家之後，第一次遇到我應酬晚歸，即堅持爲我等門。當一進門，看見他小小的身軀趴在沙發上，堅持等到我回家，迷迷糊糊由我揹上樓，再倒頭睡去。令我這個初次當媽的，十分感動。

兒子第一次爲我等門，等到十點多。平日，我們規定他一定得在九點半之前上床睡覺。自從知道他會爲我等門之後，我的心理壓力變得很大，不管人在哪裡，總是飆速回家，絲毫不遲疑；而在返家的途中，只要想起他趴在沙發上的身影，就感到窩心。

我也習慣爲他等門。小孩子喜歡玩，我們住的又是集合住宅，他常跑到鄰居家玩，還在人家家裡吃飯，常常流連忘返，超過返家的時間。好幾次，氣得他爸爸把門一鎖，揚言不讓他進家門。

每次碰到這個時候，我總是扮演兒子最後的守護神。我要讓他知道，母親永遠都在。這時候得用點兒技巧，我採取的方式是，假裝在客廳裡看電視，一邊則試圖平息老公的怒氣。等他終於出現在窗外時，一雙倉皇的小眼、拍打著窗子，像是在找我。我立刻從沙發上彈起來，跑去爲他開門。他爸爸也睜一隻眼、閉一隻眼，哪裡眞要把他關在外面？

我兒子不只執意等我回家，還不許我喝酒。他第一次看我醉醺醺回家，在床邊又唱、又跳，十分排斥，數度喝斥我，並且問：「妳怎麼了啦！妳發神經了啊！妳以後不要再喝了啦！酒女！」

有時候我和老公必須同時赴宴，無法讓他單獨留在家中，索性就帶他一起去。

他小小年紀，拜父、母之賜，總計跟呂秀蓮、王金平、侯友宜、韓國瑜和羅淑蕾等人吃過飯。還記得他跟「侯阿北」吃飯的那次，他中途進來，侯友宜的眼光從未從他身上移開。事後，我趁專訪的空檔私下問侯，他不否認，當時看兒子進來，他恍如隔世，以爲他就是他在火燒車事件中不幸喪生的那個兒子。當時侯友宜流露出悲憫上帝的兒女的那個眼神，我至今難忘。

我兒與王金平吃飯的那次，一如往昔，絲毫不覺得怯場。當飯吃到一半，他跑到王前院長跟前，考他腦筋急轉彎：「哪裡沒有阿彌陀佛？」王金平篤信佛教，富有禪意，眼睛轉了轉，嚴肅地答覆他說：「當修行到一定的地步，四處皆有佛！」「哪裡沒有阿彌陀佛？」兒子還不放棄，又問了他一次。王前院長的答案，還是一樣。現場賓客見他一老一少，就像祖孫倆兒，忍不住哄堂大笑。最後兒子公布答案：「南無阿彌陀佛！」令王金平顯得有些尷尬。

羅淑蕾那次邀宴，坐了一桌子主播、主持人和媒體人，總共有二十多位，分屬不同媒體，大家仙拚仙，加上羅淑蕾又很會帶氣氛，氣氛一下子炒高。女中豪傑們紛紛舉杯，打通關的、打通關，拿公杯拚酒的、拚酒，戰況激烈，好不熱鬧。我也不遑多讓，舉杯邀酒，彈無虛發，是屬於公杯層級的。兒子見我陷入廝殺，起初只是對我三令五申，最後乾脆出手搶杯，不准我再喝。態度顯得十分堅決，頗有要他母親全身而退的意思。

以前人家說，當媽有種種好處，我絲毫無法體會，這會兒倒是有淪肌浹髓的感覺。你知道嗎？晚上睡覺時，當兒子摟著妳、躺在妳的懷裡、抓著妳的手、甚或跟妳十指緊扣時，是甚麼滋味。我終於知道了！那是一種幸福的感覺，希望永遠如此。

兒子護我，不僅止於此。我有幾次感冒，躺在沙發上痛苦呻吟。我原以爲他不以爲意，誰知道他總是神不知、鬼不覺地溜到我的身旁，先訓我一頓，說我不懂得照顧自己，接下來則聽他交代：「該按時吃藥了！」等到我一轉頭，發現他竟然已經幫我倒了開水、還是溫熱的，囑咐我喝水、吃藥，沒有一次例外。我內心的激動，眞是難以言喻。

他還常常幫我打飯。每當遇到我必須閉關寫書、寫稿的時候，他總是趁與他爸爸外出吃飯時，當我帶些水餃、小菜回來，躡手躡腳地爲我送上四樓，再轉身下樓，不打擾我。

他在育幼院長大，學會鋪床、摺衣服和整理內務。他常常先上樓，要我等五分鐘再上去，說要給我一個驚奇。等我上去之後一看，發現他利用短短幾分鐘時間，竟然將我和他的床鋪好、棉被蓋好、還將內務整理了一番。

他還常常左邊幫我揹背包，兩手扛著大大的洗衣桶，一馬當先，領我上樓。我一邊洗衣服，他則趁隙玩點小遊戲。時間一到，要我幫他按摩和放鬼故事。沒兩分鐘，就呼呼大睡。

他很喜歡唱歌，我手機裡的影音成爲他的伴唱帶。他剛來家的時候，除了喜歡唱周杰倫的「稻香」之外，還喜歡唱「聽媽媽的話」，幾乎百唱不厭。我當記者的，當然讀得出其中的意涵。

「魯冰花」這首歌，曾經出現過兩次，日後不見他再唱。那兩晚他不斷地播放，並且沉沉地睡去。我看著他的背影，內心沉重無比。

POP

人間有歌，這段歌詞，曾經訴說過他的心事。

半夜的星星會唱歌
想家的夜晚
它就這樣和我一唱一和
我知道
午後的清風會唱歌
童年的蟬聲
它總是跟風一唱一和
當手中握住繁華
心情卻變得荒蕪

才發現世上
一切都會變卦
當青春剩下日記
烏絲就要變成白髮
不變的只有那首歌
在心中來回的唱

天上的星星不說話
地上的娃娃想媽媽
天上的眼睛眨呀眨
媽媽的心呀魯冰花
家鄉的茶園開滿花
媽媽的心肝在天涯

夜夜想起媽媽的話
閃閃的淚光魯冰花

夜夜想起媽媽的話
閃閃的淚光魯冰花
夜夜想起媽媽的話
閃閃的淚光

SANDWICHES

天堂的房間

貝比來的那年，他八歲，我五十二歲。我們中間差距四十四歲，形成夫妻倆兒深沉的隱憂。

這個小孩剛出生不久，就被母親帶走；之後，輾轉去了兩個寄養家庭，中間曾被帶回原生家庭，後來才被安置在育幼院。

在原生家庭時，他與六、七個大人住在擁擠的房間，大部分人吸菸，濃濃的煙味令他想要逃跑。

在他短短八年的生命當中，一直在飄泊，每一、二年，人生就得重來一次，以至於他誤以爲人生下來就是這樣，居無定所、舉目無親。

我常趁他洗澡或陪他睡覺的時候跟他聊天，一點一滴打開他的心房。有一次我問：「你當時被帶去育幼院，還記得嗎？」他當時還小，記憶不夠完整。只記得之前在家睡了一晚，「第二天一大早，車子來了，就把我接走了。」他輕描淡寫，我的心就像被鐵鎚敲打，感覺很痛！

因爲他的身世特殊，所以並沒有完整的親屬概念。他在育幼院時期，有一次作業必須畫四張圖，不僅得畫出與親人之間的互動，還必須配上圖說。這道題對他來說，實在太難！他空在那裡，不知道該怎麼寫。「我不知道怎麼寫，我沒有爸爸、媽媽……」「沒關係！你就把叔叔、阿姨和保母媽媽、小軍都畫上去。」他靠著這些「借來的親屬」，很快完成作業，嘴角還掛著笑容。

來到我們家以後，別說爸爸、媽媽、奶奶、姑姑，他一下子多了好多家人，數都數不完。他最喜歡待在台中舅舅家，那裡有很會照顧他的心愉和BOBO表姊，還有他喜歡得不得了的Henry表哥。我常趁假日的時候，把他丟給我大嫂帶，之後，再到台中高鐵站接他。

奶奶和姑姑也很疼他。

我婆婆出身中壢客家庄，家族成員很多。貝比來了之後，第一次過年，參加家族聚會，每個到場的親戚，都給他帶了玩具、新衣服和紅包，他盡忙著鞠躬、磕頭、道恭喜，快樂得像隻雀躍的小鳥。

他常跟我玩一道數學題：「當我十歲的時候，妳幾歲？」「我五十四歲！」「那當我二十歲的時候，妳幾歲？」「我六十四歲！我希望我能活到八十四歲，看著你長大！」「那等我活到九十九歲的時候，妳幾歲？」「喔！那我可能早就死了！」「不不不！我是說，等我活到一兆歲、一京歲的時候，妳幾歲？」他明知故問，把心中的隱憂，用遊戲婉轉表達。

他擔心我們夫妻眞有一天走了，他將又變得無依無靠。我告訴他，若眞有那麼一天，你就去找心愉姐姐、BOBO姐姐和Henry哥哥，我早就交代他們，要好好照顧你。他還是不放心：「媽媽！這世界上，是不是眞有天堂？」「有啊！」「那妳可不可以先把那邊的地址給我？」「好啊！等媽媽到那裡以後，絕對在第一時間，就把地址告訴你！」他還是無法完全放心，交代我：「媽媽！妳乾脆先幫我留一間房間，等我去了，很快就可以跟你們住在一起。」我答應了他！並且祝他夜夜好眠。媽媽有一天，會在天堂等你！

HARV

託孤

施明德的二女兒施笳年滿二十歲時，他爸爸特地在內湖一家餐廳，幫她辦了一場盛大的成年禮。所有打不散的老朋友，都出席了這場晚宴。

施笳二十歲，她爸爸已經七十六歲。倒算回去，施明德五十六歲生下她，剛好是我老公現在的年紀。

我很能了解施主席的心情，他辦那場晚宴，其實是在「託孤」！

或許早在他五十六歲、知道有施笳開始，心中就一直懷有這種想法。我沒問過他，但我想我猜得沒錯！因爲，我和老公現在就有「託孤」的念頭。

我兒子實在太小！他成年時，我老公差一年，就滿七十歲；我小老公五歲，那時，也有六十四歲了。我不忍心，在兒子大學沒畢業前拋下他；至少得等他出社會安定下來。就算他大學畢業、出社會，我還是放心不下。那就等他三十歲吧！屆時，我老公快八十歲，而我已經七十五歲。問題是，我們能不能活那麼久都還是個未知數。

我兒子很聰明，但畢竟才十歲，我們只知道他對科學有興趣，卻不知道他的未來，將往哪個領域發展？

我老公常說，我是標準的「雜菜麵」，屬於「婆媽性格」。例如，我常趁經過加油站或洗車場時，要我兒子看看，那些大哥哥、大姐姐是如何辛勤工作。「以後你若暫時找不到工作，可以先到加油站打工，或幫人家洗洗車。只要生活過得去，就可以了，一點兒都不用擔心！」我老公狠狠瞪我一眼，認爲我太小看兒子了！

事實上，私底下，我教他更多。

他很隨興，從不計較吃、穿。我告訴他，爸爸更衣室掛了許多西裝和夾克，他長大後可以拿去穿，不必再買。「連你女朋友，都可以穿媽媽的衣服！」

爲免兒女成爲「靠爸族」和「靠媽族」，一般家長都會教小孩子，一切得靠自己努力，「別想我會給你一毛錢！」我和老公卻反其道而行。我們年紀太大，很早就告訴他：他現在眼見的一切，我們都打算留給他，包括現在住的房子！

兒子很機靈，趕快問：「那你們還有多少貸款？以後每個月，我要繳多少管理費？我怕付不起！」「別擔心！再過幾年，媽媽就會把貸款還完；至於每個月七千多元的管理費，對你來說，的確負擔太重。就算你一個月賺三萬塊錢，管理費就吃掉七千多元，你還要付水、電、瓦斯和電信資費，我還眞怕你付不起！」

「你有兩個方法，第一，可把多餘的房間出租，最好租給年輕夫妻，比較單純；再不然，你可以邀表哥、表姐一起來住，但不能收他們房租，因爲他們是自己親人，不能見外。或許，你可以情商他們幫你分擔管理費和水電費，你會輕鬆很多。」

兒子一開始不知道甚麼是「貸款」？我好好花了兩個晚上，說給他懂。

我還特別教他理財的觀念。因爲我這輩子在這方面吃了大虧，不能讓他重蹈覆轍。「我父親從小教我，不要跟人家借錢、也不要借錢給人家！我不聽，吃了好多苦頭。最後連再好的朋友，都做不成朋友了！」

我常常試探他：「你該不會學壞吧！」他斬釘截鐵告訴：「絕對不會！」這令我感到十分欣慰。

我再三告誡他：「毒和賭千萬不能碰，一旦染上，你這輩子就毀了！」

開車在路上，要學媽媽，謹守「幾秒鐘就過去了」的心態，不要因小失大。

要多吃一點，以免身懷絕技，在應試的時候，卻因爲身材矮小被刷掉，十分可惜。

他常在睡覺前，問我未來如何選擇伴侶。我要他不必要選漂亮的，重點要看對方個性好不好？適不適合你？最重要的是，她要能夠幫你！「不要太早婚、太早生孩子！以免留下遺憾！」

我和老公並非光說不練，我們還特別加保，讓他無後顧之憂。

我老公陪我一起送走我爸、我媽，眼見他們晚年飽受病痛折磨。因此我們計劃，老了之後搬到花蓮安養，不麻煩兒子。他爸爸更爲豁達，直接吩咐他：「不必救我，讓我自然走。死了之後，也無須葬我。火化之後，就直接灑向大海！」

我們現在一有時間，就帶他四處旅遊，希望透過所有的生命點滴，創造他日後美好的回憶。沒有我們，也能活得很好！

後記

在此書付梓之前，我將其中幾篇文章，傳給偕同我們走過收養程序的社工進行審閱，希望透過她的專業把關，以及作者貼近眞實的描寫，能夠在書籍出版之後，留下美好回憶，並兼具社教功能等目的。

我們取得孩子同意。雖然他只有十歲，卻也有十歲孩子應有的認知。透過他的意見表達，慨然同意我們出書，並參與部分過程。

爲保留他的隱私，我們隱去他的姓名，照片也做了馬賽克處理，同時略去必要的細節；但由於我和另一半都是公眾人物，在伴隨他成長的歷程中，即已採取較爲開放的態度。不管是臉書的ＰＯ文，或是群體生活的互動，他都能坦然面對。

我們遵照社工的叮囑，避去對孩子原生家庭、親屬等負面描述，有關細節也並未揭露。唯獨就他曾經待過寄養家庭和育幼院，我們有不一樣的意見。

人總有個來處。八歲之前，他的種種遭遇屬於他生命的一部分，並非恥辱。他既無法改變、抹滅，更無需要隱藏。我們不希望他對自己的人生說謊，或是閃爍其詞，最好的方法就是坦然面對。

等他眞正長大、懂事之後，他會了解，只有活出眞實的人生，才不虛此行；而生命的價值，不在於出身，而在於如何努力地活出自我。

我們希望撫養他長大成人，成爲社會上的尖兵；並且將發揮春蠶到死的精神，伴隨他到自身生命終止的那一刻。我們對他的愛無窮無盡，同時不需要他的回報。

附錄

過度傾斜的機構安置——為什麼幫失家兒找家這麼難？

文／簡永達（特約記者）

攤開衛福部的統計數據，二〇一七年台灣安置的兒少人數四千八百八十五人，其中僅三成由寄養家庭照顧，近七成都被送到安置機構。對比英美不到一成的機構安置、多數有家庭願意接住他們，台灣的比例明顯失衡，而且寄養家庭退出的數目，近三年竟逐漸上升。究竟，該怎麼幫失家兒找一個家？

四年前，當時十四歲的萱萱從沒想過自己能擁有一個家，即使這個家庭不是她原本的家，媽媽跟她也沒有血緣關係。

萱萱小時候常被父親吊起來打，九歲被送進育幼院，陸續轉換過七間安置機構，每間機構的大人都說她不守規矩、難以管教。也因此，沒有機構願意再照顧她。

但機構的大人從沒問過萱萱的心情。升上小六後，班上的同學發現她住在育幼院，笑她是「沒有爸媽的小孩」，從那天起，她放學後不想直接回機構，總坐在附近公園的鞦韆，晃蕩到晚餐時間才回去。

萱萱一再錯過門禁時間，這看在機構的生輔員眼裡，簡直是觸犯底線。她屢次被轉出，被那些承諾過會愛她的大人推來推去，她厭煩機構總把「family」掛在嘴邊，渴望有個眞正的家：學校的家長座談有人出席、第一次月經來時有大人陪在身邊，告訴她不要害怕。

直到她十四歲那年，轉到寄養家庭。

現年五十六歲的寄養媽媽林淑玲接受家扶基金會委託，擔任寄養媽媽已十二年，照顧過九個孩子。其中，她對萱萱印象最深，尤其是四年前第一次碰面時。「十點太早了，」萱萱坐在公園的板凳，跟坐在她旁邊的寄養媽媽聊天，她們正在討論門禁時間，萱萱不死心地繼續問道：「可以改十一點嗎？」

六年的機構生活，封閉了她的情緒，萱萱的防禦心變得很重，感情冷淡。剛到林淑玲家時，「她晚上十一點回來，過一下又出去了。」幾乎不發一語。林淑玲每晚勉力打起精神，等萱萱回家，「她有時候半夜一點才回來，我們就坐著聊天，聊到二、三點。」

「那是我第一次感受到家的感覺。」儘管事隔多年，萱萱仍記得每晚回家，會有人在客廳點盞燈，等她回家。

和機構不同，寄養家庭通常只照顧一到二個孩子，但一名生輔員至少要負責六名兒少。充裕的時間，讓寄養媽媽更能關注到每個孩子身心發展，給予家的照顧。

不過，童年受虐與安置的經驗，容易讓孩子失去安全感，他們不斷犯錯，有些還是故意的，用來探知一個最基礎的問題：你是不是眞的愛我？

從很多層面上來說，萱萱都不符合一般家長對「乖女孩」的形象：她逃學蹺課、抽菸喝酒、動作大大咧咧、半夜和一群男孩鬼混。

當萱萱的行爲愈叛逆，林淑玲反而更願意放手。她給萱萱家裡的鑰匙、買智慧型手機給她、努力認識她的每個朋友，邀請他們到家裡來作客：「眞正的家庭生活，其實不會一直去約束妳；家不只是住的地方，妳可以找朋友來家裡，當妳回家我們可以聊天，聊學校的生活、聊好笑的事情。」

家庭能給予的關懷，足以切穿了萱萱的內心痂繭，讓她重新相信愛，即使十七歲離開寄養家庭後，一下子就要擔起養活自己的責任，但她知道自己永遠有個媽媽愛著。

寄養家庭少，過度倚賴機構安置

不是每個沒法回家的孩子都跟萱萱一樣幸運。

攤開衛福部的統計數據，二〇一七年安置的兒少人數四千八百五十五人，其中僅三成由寄養家庭照顧，近七成都被送到安置機構。台灣曾因此被點名濫用機構安置，在二〇一七年首次接受《兒童權利公約》的國際委員審查時，委員們指出，台灣安置在機構的兒少人數過多，應選擇其他家庭式的照顧方案。

對比其他國家，台灣的比例明顯失衡。美國需要安置的兒少約七成由寄養家庭照顧，僅七%被送到安置機構；英國則是七成四在寄養家庭，不到一成在機構生活。未來幾年，台灣失衡的比例恐怕更傾斜，因爲寄養家庭愈來愈少。

據家扶基金會統計，二〇一七年新加入的寄養家庭約七十戶，卻有七十九戶退出服務。家扶從一九八〇年起負責招募寄養家庭，社工處長周大堯發現：「最近三年退出服務的比增加的多。」未來不可能大幅增加寄養家庭數，最理想的狀況只能消長打平。

出現寄養家庭荒，一個原因是寄養費用不足。一般而言，縣市政府提供寄養家庭，一個孩子每月約一萬六到兩萬一的費用，包括孩子的學費、飲食與生活用品；如果孩子需要心理諮商，或是早療復健，同樣由這筆錢來支付。

相較於保母，以台北市行情計算，每天托育十個小時，照顧一個孩子的薪水一萬九，這還不包括孩子的奶粉與尿布錢。「如果從金錢上看，她們就損失很多了，」周大堯解釋，寄養媽媽照顧一個寄養童，每天二十四小時，三百六十五天全年無休，更別說孩子在送來前身心早已受創，需要花上更多心思照顧。

另一個原因，是社會對寄養家庭的期待提高，不只是充滿愛心的家長，還需要更多專業的照顧技巧。二〇一二年政府修正寄養家庭要求，寄養爸媽在接案成爲寄養家庭前，至少須完成二十小時的課程，包括兒童心理學、早期療育技巧，以及兒童權利的法律保障；順利成爲寄養家庭後，每年仍得繼續完成三十小時的訓練課程。

其他規定還包括：家庭收入中等以上，家中沒有未成年子女，必須提供每個寄養童獨立的房間，「都會區增加就會很有限，一般家庭很難有這麼多空間。」周大堯說。

台灣目前的寄養家庭戶數約一千一百九十三戶，如果以一名家長能夠妥善照顧兩名孩子的比例，最多照顧二千四百名兒童，但每年有高達近五千名孩子需要安置，寄養家庭能量不足，導致台灣長期偏向機構安置。

不過，在機構裡每名生輔員至少照顧六名孩子，人力不足的前提下，容易傾向高壓管教，受傷的孩子較難受到全面的照料。

這就是爲什麼聯合國在二〇〇九年制定《替代性家庭照顧準則》，用來保障沒辦法回家的孩子的權利。他們認爲，爲了兒童身心發展，即使是被安置的孩子，也應該在類似家庭的環境下被照料，避免在大型機構中成長，而且各國應逐步建構「去機構化」的替代性方案。

另一條路？社區裡的家庭式安置

香港努力找出另一條道路，一種社區裡的家庭式安置。

香港從一九九〇年代大力推行兒童之家（Small Group Home），孩子同樣居住在社區裡的公寓，由一對夫妻擔任家長，照顧八名以下的孩子，另外搭配一位專業的輔導員，協助家長輔導孩子的情緒與行為。

這項改變深受英國影響。香港在一九八〇年代末期派團赴英國考察，當時英國社福界正在推行去機構化的兒少安置改革，他們認爲類似於家庭環境的照顧模式，能建立孩子的安全感與親密關係，才是最適合孩子的。

香港的許多大型機構紛紛轉型爲兒童之家，例如早年收容孤兒的聖基道兒童院在一九九四年結束機構，轉而成立二十四間兒童之家；據香港政府統計，全港目前有一百一十二間兒童之家，而傳統大型化的安置機構只剩十一間。

香港懷愛會也在一九九〇年代投入服務，是最早成立兒童之家的機構之一，其中一家隱身在城市邊緣的深水埗。夏日的午後，推開社區裡一間公寓的門，光線將客廳照亮，牆面掛著五十吋的液晶電視，角落擺放兩台桌上型電腦，以及一架常見的直立式鋼琴。這家住著五名孩子，年紀最小的是小四的男孩，最大的是十七歲的雙胞胎兄弟檔。

「孩子一般兩年內就會回家。」懷愛會總監陳翠英相當清楚，兒童之家對孩子來說只是個暫時性的避風港，社工在這段時間頻繁安排親子會面，引進資源協助父母脫困，而兒童之家提供家庭般的生活環境，讓孩子隨時能做好準備回家。

台灣也有人嘗試像香港社區裡的家庭式安置，但無疾而終。新北市約納家園的主任畢國蓮，擔任社工近二十年，第一份工作是台北市社會局的兒保社工，她深刻記得遇到的第一個孩子，才九歲年紀，身體與心靈早已傷痕累累。

男孩從小被父親虐打，常趁父親睡著逃跑，流浪的日子靠偷竊維生，屢次被逮到送進警局。通知父親領回後，他被毒打得更慘。「他非常抗拒機構的生活，我經常送他去安置，然後他又趁半夜跑掉。」某次畢國蓮半夜接到電話，這名男孩又逃離安置機構，人在警局，「我已經沒有地方可以送他去了，機構都不願意收。」她的聲調逐漸加重，「最後我就跟他睡在家防中心（家庭暴力暨性侵害防治中心）的團體室裡。」

不堪身心皆承受高負荷的工作量，畢國蓮有段時間回學校進修，把男孩交給同事。後來，聽說男孩又逃離安置機構，進了少年感化院。這段經驗讓她反思，面對早已遍體鱗傷的孩子，「我們希望把他帶到安置機構就能夠穩定，其實不太可能，」孩子在童年的關係裡渴望獨一無二的愛，「一個生輔員要照顧十幾個小孩，他們都有很多話想跟你講，爲了吸引注意，小孩行爲開始出現問題，像是偷竊，輔導員當然無法負荷，機構就會請社工轉介到其他機構。」畢國蓮說。

「只要這個小孩轉換三次機構以上，我們稱爲『難置兒』。」孩子更難適應機構的生活，而機構也會拒絕照顧難應付的孩子。

畢國蓮看著這些最需要愛的孩子，不斷地被推來推去，她希望在社區裡能有類似家庭式的安置，「它能接納這群很困難的小孩，不會讓他們一直換機構，能夠穩定下來，好好療傷。」

她在二〇〇七年進入約納家園工作，遇到一名早年受虐導致身心受損的孩子。十一歲的男孩情緒不穩，盛怒時會緊掐生輔員的脖子，憂鬱時又獨自跨坐在高樓圍牆，意圖輕生。

男孩的情況益發嚴重，二〇〇八年住進精神科病房治療，但畢國蓮心裡清楚，「他不可能轉去其他機構，沒有人敢收。」等待孩子出院的那半年，她四處寫計畫申請補助，「我一直在找寄養家庭跟團體式安置機構以外的另一條路。」因爲受創嚴重的孩子不適合在機構過團體生活，寄養家庭恐怕也沒有足夠的能力妥善照顧。

畢國蓮順利向聯合勸募申請到經費，並開始她一直想嘗試的「團體治療」計畫。她在深坑的家園旁租了一層公寓，讓一名生輔員專心照顧兩名孩子，一名是上述情緒衝動的孩子，另一個是學習遲緩的男孩。家庭的生活對他們都有療癒的效果，性格迥異的兩人常有衝突，但衝動的男孩學會激動時走到角落，讓自己冷靜下來，避免傷害年紀更小的弟弟。

畢國蓮的「團體治療」計畫僅嘗試三年就結束了，因爲後續的經費募款並不順利，如果要在社區裡租公寓，讓生輔員一次照顧至多四名孩子，所需的人力與花費又相對較高，「我們考量一下，乾脆搬回來（機構）。」畢國蓮說。

找一個新家：領養的可能

沒有足夠的寄養家庭，團體家庭也難有進展，若孩子的父母不願改變，在這兩難困境之下，許多國家開始讓兒童的權益優先於父母，替孩子找另一個家。

二十年前，美國制定了《領養與安全家庭法案》（Adoption and Safe Families Act），規定兒童在安置一年後，必須舉行永久聽證會，當評估兒童無法返回原生家庭，法院可以剝奪父母的權利，並交由社工協助兒童出養，讓孩子重新獲得完整的家庭生活。

二〇一一年日本發生三一一大地震，兩百四十一名孩子成爲孤兒，他們多數被安置到機構生活，引起國際人權團體關注。二〇一四年，美國的非政府組織「人權觀察」（Human Rights Watch）發布報告，日本約三萬九千名失去家庭照顧的兒童，九成被安置在機構，他們抨擊日本的做法已違反《兒童權利公約》，沒有讓被安置的孩子待在類似家庭的環境裡被照顧。

日本政府隨即在二〇一六年修正《兒童福利法》，由法律訂出以家庭爲基礎的照顧原則，將收養列爲社工的優先選項之一，保證兒童可以透過寄養家庭或收養兩種途徑，生活在家庭中，只有不適用家庭照顧的孩子，才能安置到機構。

反觀台灣的情況，二〇一七年因家庭失去功能，被送進安置體系的兒少近五千人；但政府決定讓孩子脫離不適任的父母，最終被領養的只有七十四人，不到二%的比例。

並非所有待在機構的孩子都該被收養，實際上每個社工都希望儘快送孩子回家，他們被賦予修復家庭的任務，必須盡一切努力恢復父母的照顧能力，只是，沒有人告訴他們，需要「努力」的時間有多長？

美國的領養法案認爲，讓孩子回家是件急迫的事。所以，法案將父母改進的時間設爲十四個月，如果這個家庭的問題來自父親吸毒，這段時間內，父親必須配合毒癮戒治，如果他仍吸毒、不願去門診治療，也不探視孩子，法院就可以讓他們脫離親子關係。

他們的想法是，當孩子嚴重受虐而必須被帶離家庭，父母就該努力證明自己還能照顧孩子，畢竟，愛不能只是個口頭承諾，還要有所作爲。

被卡在出養的行政程序裡。在台灣的安置機構裡，孩子在無聲等待中成長，錯過收養的黃金期。從政府統計來看，三歲以下的兒童最多人願意領養，一旦超過三歲，收養的成功率剩不到兩成。

一般來說，機構安置的孩子若要被收養，第一步需要兒保社工下定決心，經過社工密集地與原生家庭互動，判斷家庭徹底失去功能，孩子不可能回家，社工再主動召開重大決策會議。

少了時程限制，社工很難衡量自己的工作成果，導致收養的提議很少被提上會議。雙北市每年近一千名受虐兒少，但二〇一六年台北市和新北市提到重大決策會議，建議停止親權的兒少人數，分別只有四名和五名。

兒童福利聯盟的社工楊雯妤很急，她協助孩子出養將近十年，最擔心孩子在大人的官僚決策裡錯失被愛的機會。她解釋出養的第二步，是往返政府會議與法院之間，曠日廢時的行政程序。

先由各縣市社會局召開重大決策會議，邀集社福與法律的專家討論，如果會議上通過決定，要送往法院裁定；法官同意的話，會停止原生父母權利，改由縣市政府監護，同時轉由合法收出養機構來媒合養父母；找到養父母後，再將雙方資料送往法院裁定收養關係。

楊雯妤記得一個差點被錯過的小孩。男孩的父母在一場毒趴上一夜情，後來母親被捕入獄發現懷孕，孩子六個月大被安置到育幼院，年輕的媽媽沒親人也沒有穩定工作，換過一個又一個男人，然後反覆吸毒入獄。

社工從一開始就希望男孩盡快被領養，但男孩的母親出獄後人間蒸發，警局協尋了三年仍杳無音訊，這才提到重大決策會議，建議強制剝奪父母權利；等到通過會議，過了半年；送件到法院，等候開庭，又過半年，等孩子找到養父母後，送件到法院審核，等待裁定再過半年。

最後，男孩被領養時已經五歲，但他仍是社工口中「幸運的孩子」。楊雯妤說，「他其實算是順利的，因爲沒被退件。」更多時候，社工被困在這套作業流程裡，重大決策會議被學者駁回，要他們努力一下；送到法院被法官駁回，要他們再努力一下。

兒盟執行長白麗芳協助孩子出養已經二十六年，她發現安置體系裡有些孩子，即使失去返家可能，仍然沒有獲得出養的安排。她經常受邀參加縣市政府的重大決策會議，看到社工提出停止親權的孩子年齡已經上小學了，她會多問兩句。

白麗芳記得某次參加會議，討論安置的孩子何時回家，他們逐一討論，她發現有個三歲的男孩，從嬰兒時就被送進育幼院，是兄妹亂倫生下的孩子，哥哥事後被判刑，妹妹也因案發時未成年而被帶離家庭。她心想這男孩是不可能回家的，「為什麼他還沒被停親（解除親子關係）呢？」白麗芳問社工。

社工告訴她，律師都說送到法院，很難判定家長不適任而脫離親子關係，而且，孩子從出生後就受到妥善照顧，這樣在機構安全地長大，不好嗎？

白麗芳一開始不能諒解，後來她發現每名兒保社工身上背著四十多個個案，永無止盡的案子湧入，他們只能處理最緊急的情況，其他被安置的孩子就被擱置，「因爲他們安全了，他不會發生問題了，我可以鬆口氣。」

一項難以面對的事實是，已被安置的孩子，除非調皮搗蛋被機構踢出，否則很難被社工注意到。換句話說，那些努力符合規範的「乖小孩」，是最容易被遺忘的。

白麗芳停頓一下，不想錯誤地表達自己的意思，她能理解兒保社工的壓力有多大，但是，「我希望他們不要忘記，他們服務的是孩子，每個都是活生生的孩子，不能只是完成工作而已。」

用愛撫平孩子的傷

多年協助孩子找到另一個家，白麗芳看到父母完整的愛，能夠撫平孩子的傷。

她們曾輔導一對養父母，陸續從安置體系領養了兩名孩子，都不是台灣人偏好的領養類型：哥哥有東南亞血統，被領養時已近四歲，而妹妹出生不久後便遭到遺棄，有些口齒不清和學習遲緩。

哥哥剛接回家時，氣氛很尷尬，他才四歲，很快就改口稱呼他們夫妻爲爸爸媽媽，但表現得很拘謹，吃飯、洗澡、睡覺都乖乖配合，「他那時可能也在試探我們，很擔心我們把他送走吧。」第一個月，那名父親開車載兒子回家時，孩子常常「口誤」：「回來你們家了。」然後他不斷地告訴兒子：「這是你永遠的家。」

妹妹剛回家時更無法適應。那對夫妻從育幼院載著當時兩歲的她離開時，行李塞不滿一個背包。照顧的阿姨解釋，育幼院的孩子沒有眞正屬於自己的東西。前三個月，女兒經常哭得歇斯底里，當爸媽抱著她，又想擁抱哥哥時，她會出手制止，說：「這是我的爸媽。」這對夫妻於是花更多的心力陪伴女兒，帶她復健，教會她認識每一種顏色。

現在，兒子已經十一歲了，遊戲時會不客氣地拿球丟向父親，也會騎上他的背任性耍賴，雖然夫妻都在大學工作，但他們沒有特別在意課業表現，反而替兒子請了游泳、籃球、足球、桌球教練。

「媽媽，我覺得我很幸運，可以當你們的小孩。」兒子七歲時，某天晚上抱著媽媽睡覺時，小小聲地說。這對夫妻在接受我們採訪時被問到，有什麼是你們能給、但機構給不了的？媽媽起初想回答物質資源，後來想到參觀過的育幼院蓋得氣派豪華；她緩了一下，想起兒子剛上小一時，她緊張兮兮地擔心兒子被霸凌、耳提面命的模樣：「不管你將來在外面遇到什麼事，都可以回家跟爸媽說，因爲爸媽會是你一輩子的靠山。」

教養生活52

貝比來了——生命的價值與出身無關，只須努力地活出自我

作　　者—黃光芹
主　　編—林菁菁
企　　劃—葉蘭芳
封面設計—楊珮琪、陳希文
版型設計—李宜芝

發 行 人—趙政岷
出 版 者—時報文化出版企業股份有限公司
10803台北市和平西路三段二四〇號三樓
發行專線／（02）2306-6842
讀者服務專線／0800-231-705、（02）2304-7103
讀者服務傳真／（02）2304-6858
郵撥／1934-4724時報文化出版公司
信箱／台北郵政79～99信箱
時報悅讀網—http://www.readingtimes.com.tw
電子郵件信箱—newlife@readingtimes.com.tw
法律顧問—理律法律事務所 陳長文律師、李念祖律師
印　　刷—盈昌印刷股份有限公司
初版一刷—二〇一八年十二月十四日
定　　價—新臺幣三〇〇元
（缺頁或破損的書，請寄回更換）

時報文化出版公司成立於一九七五年，
並於一九九九年股票上櫃公開發行，於二〇〇八年脫離中時集團非屬旺中，
以「尊重智慧與創意的文化事業」為信念。

貝比來了：生命的價值與出身無關，只須努力地活出自我 / 黃光芹著.
-- 初版. -- 臺北市：時報文化, 2018.12
面；　公分

ISBN 978-957-13-7611-0 (平裝)

1.收養　2.親職教育

548.134　　　　107019478

ISBN 978-957-13-7611-0
Printed in Taiwan